走进大学
DISCOVER UNIVERSITY

什么是教育学？

WHAT IS PEDAGOGY？

孙阳春 林杰 编著

大连理工大学出版社
Dalian University of Technology Press

图书在版编目(CIP)数据

什么是教育学？/孙阳春，林杰编著. --大连：大连理工大学出版社，2021.9
ISBN 978-7-5685-2996-9

Ⅰ.①什… Ⅱ.①孙…②林… Ⅲ.①教育学—通俗读物 Ⅳ.①G40-49

中国版本图书馆 CIP 数据核字(2021)第 071876 号

什么是教育学？ SHENME SHI JIAOYUXUE?

出　版　人：苏克治
责任编辑：于建辉　李宏艳
责任校对：周　欢
封面设计：奇景创意

出版发行：大连理工大学出版社
　　　　　（地址：大连市软件园路 80 号，邮编：116023）
电　　话：0411-84708842（发行）
　　　　　0411-84708943（邮购）　0411-84701466（传真）
邮　　箱：dutp@dutp.cn
网　　址：http://dutp.dlut.edu.cn

印　　刷：辽宁新华印务有限公司
幅面尺寸：139mm×210mm
印　　张：5.25
字　　数：87 千字
版　　次：2021 年 9 月第 1 版
印　　次：2021 年 9 月第 1 次印刷
书　　号：ISBN 978-7-5685-2996-9
定　　价：39.80 元

本书如有印装质量问题，请与我社发行部联系更换。

出版者序

高考,一年一季,如期而至,举国关注,牵动万家!这里面有莘莘学子的努力拼搏,万千父母的望子成龙,授业恩师的佳音静候。怎么报考,如何选择大学和专业?如愿,学爱结合;或者,带着疑惑,步入大学继续寻找答案。

大学由不同的学科聚合组成,并根据各个学科研究方向的差异,汇聚不同专业的学界英才,具有教书育人、科学研究、服务社会、文化传承等职能。当然,这项探索科学、挑战未知、启迪智慧的事业也期盼无数青年人的加入,吸引着社会各界的关注。

在我国,高中毕业生大都通过高考、双向选择,进入大学的不同专业学习,在校园里开阔眼界,增长知识,提

升能力，升华境界。而如何更好地了解大学，认识专业，明晰人生选择，是一个很现实的问题。

为此，我们在社会各界的大力支持下，延请一批由院士领衔、在知名大学工作多年的老师，与我们共同策划、组织编写了"走进大学"丛书。这些老师以科学的角度、专业的眼光、深入浅出的语言，系统化、全景式地阐释和解读了不同学科的学术内涵、专业特点，以及将来的发展方向和社会需求。希望能够以此帮助准备进入大学的同学，让他们满怀信心地再次起航，踏上新的、更高一级的求学之路。同时也为一向关心大学学科建设、关心高教事业发展的读者朋友搭建一个全面涉猎、深入了解的平台。

我们把"走进大学"丛书推荐给大家。

一是即将走进大学，但在专业选择上尚存困惑的高中生朋友。如何选择大学和专业从来都是热门话题，市场上、网络上的各种论述和信息，有些碎片化，有些鸡汤式，难免流于片面，甚至带有功利色彩，真正专业的介绍文字尚不多见。本丛书的作者来自高校一线，他们给出的专业画像具有权威性，可以更好地为大家服务。

二是已经进入大学学习，但对专业尚未形成系统认知的同学。大学的学习是从基础课开始，逐步转入专业基础课和专业课的。在此过程中，同学对所学专业将逐步加深认识，也可能会伴有一些疑惑甚至苦恼。目前很多大学开设了相关专业的导论课，一般需要一个学期完成，再加上面临的学业规划，例如考研、转专业、辅修某个专业等，都需要对相关专业既有宏观了解又有微观检视。本丛书便于系统地识读专业，有助于针对性更强地规划学习目标。

三是关心大学学科建设、专业发展的读者。他们也许是大学生朋友的亲朋好友，也许是由于某种原因错过心仪大学或者喜爱专业的中老年人。本丛书文风简朴，语言通俗，必将是大家系统了解大学各专业的一个好的选择。

坚持正确的出版导向，多出好的作品，尊重、引导和帮助读者是出版者义不容辞的责任。大连理工大学出版社在做好相关出版服务的基础上，努力拉近高校学者与读者间的距离，尤其在服务一流大学建设的征程中，我们深刻地认识到，大学出版社一定要组织优秀的作者队伍，用心打造培根铸魂、启智增慧的精品出版物，倾尽心力，

服务青年学子,服务社会。

"走进大学"丛书是一次大胆的尝试,也是一个有意义的起点。我们将不断努力,砥砺前行,为美好的明天真挚地付出。希望得到读者朋友的理解和支持。

谢谢大家!

2021 年春于大连

前　言

1623年,英国哲学家培根发表《论科学的价值与发展》一文,在科学分类中首次把教学艺术作为一个独立的研究领域提出来,称之为"讲述与传授的艺术"。这是教育学在科学分类中首次作为一门独立的学科被划分出来。教育学作为一门"关照儿童成长、研究儿童学习"的学问,如今已逐步扩展为庞大的学科群。但万变不离其宗的是,教育学作为一门研究教育现象、揭示教育规律的科学,始终以"教育事实"为基础,探索和揭示教育活动的"规律性联系",以期为教育实践提供更多的思考和指导。

纵然,教育学的学科发展给予了人类关于"如何促成儿童学习和成长"方面深厚的知识积累与高深学问,但当

我们决定是否将教育学作为未来职业发展的所选时,也会不可避免地追问:我们为什么要学习教育学?这是一个核心问题,也是一个关键问题。深厚的学科情怀来源于深刻的学科理解,深刻的学科理解才能支撑未来对教育学的热爱与坚守。

那么,学习教育学对于一个教育者的意义到底是什么呢?对于一个未来的教育者,为什么要学习"数学、语文、英语、物理、化学、政治、历史、地理"等"学科知识",大多数人是非常理解的。因为这些"学科知识"是教师要教给学生的"内容对象",如果教师不掌握这些"学科知识",就没有办法将其"传授"给学生。也就是说,"所教授的知识内容"首先应该是教师熟练掌握的,这是专业型教师的必然要求。但是,作者早在2003年就提出,教师若想实现专业化发展,除了要掌握所教学科的知识,还要掌握"如何教""教什么"的知识与能力,而且,"如何教"的知识与能力更为重要。我们经常听到有的校长说,某某教师是"茶壶里煮饺子,倒不出来",明明水平很高,却不能很好地教给学生;我们也常常听到有的家长感叹,自己作为名牌大学的毕业生,却无法教授孩子小学一、二年级的学习内容。之所以出现此类现象,并不是因为教育者的"学科知识"水平不够,而是因为教育者没有灵活掌握和运用"如何教""教什么"的知识与能力。而"如何教""教什么"

的知识与能力,恰恰是"教育学"的学科范畴与主要致力点。教育学致力于研究如下问题:如何遵循人的身心发展规律,根据每个阶段的身心发展特点进行学习?如何选择、组织与呈现所教授的内容?怎样根据启发性原则、最近发展区原则等实施教学?因此,学习教育学的意义,就在于使教育者懂得学习者的身心发展规律,懂得教的规律与方法,还学习者一个正常的童年,而非挤占所有时间和空间超负荷学习。这一切可以从关注"如何教"教育学学科开始。

希望教育的场域更加美好,希望更多的人为一代又一代人的成长而选择、热爱与坚守教育学。

孙阳春
2021 年 4 月

目 录

要而言之：教育学概述 / 1
  教育学的研究对象 / 1
  教育学的理论基础 / 4
  教育学的实践基础 / 7

追根溯源：教育学的产生与发展 / 10
  教育学的萌芽阶段 / 11
    中国历史上的教育思想概况 / 12
    西方古代历史上的教育思想概况 / 14
  教育学在近代西方的形成 / 18
    教育学产生的条件 / 18
    "教育学之父"夸美纽斯的教育思想 / 21
    将教育学"首次列入大学课程"的
      康德教育思想 / 23

提出"教育要遵循儿童自然天性"的
　卢梭教育思想 / 24
在"行动中遵循儿童自然天性"的
　裴斯泰洛齐教育思想 / 26
将教育理论提高到学科水平的
　赫尔巴特教育思想 / 27

教育学的多样化发展阶段 / 30
提出"科学知识最有价值"的
　斯宾塞教育思想 / 31
主张用自然科学方法研究教育的
　实验教育学派思想 / 32
"实用主义教育学说"代表人物杜威的
　教育思想 / 33

教育学的理论深化阶段 / 35
建立"教育目标分类体系"的布鲁姆教育思想 / 35
提出"学科结构和发现学习法"的
　布鲁纳教育思想 / 37
提出根据学生"最近发展区"进行教学的
　赞可夫教育思想 / 38

近代西方教育学在中国的传播与发展 / 39
西方教育学在中国的传播 / 40
中国教育学的独立发展 / 44

深化拓展:教育学的分类及体系 / 46
研究教育基本规律的普通教育学 / 46
教育与人的发展 / 46
教育与社会的发展 / 50
研究不同年龄的分阶段教育学 / 54
学前教育学 / 54
高等教育学 / 59
研究不同课程领域的分科教育学 / 67
课程与教学论 / 67
德育 / 70
智育 / 72
体育 / 74
美育 / 75
教育学与其他学科的交叉 / 79
教育经济学 / 79
教育管理学 / 81
教育技术学 / 83
教育文化学 / 86

千锤百炼:教育学专业学生的培养 / 89
国内教育学学科的基本概况 / 90
国内教育学学科实力的基本情况 / 90
国内开设教育学专业的典型高校 / 91

教育学的本科专业设置 / 95

教育学 / 96

科学教育 / 97

人文教育 / 97

教育技术学 / 98

艺术教育 / 99

学前教育 / 100

小学教育 / 101

特殊教育 / 101

华文教育 / 102

教育康复学 / 103

卫生教育 / 104

认知科学与技术 / 105

教育学专业学生的知识体系 / 106

教育学专业学生需要掌握扎实的
教育理论知识 / 106

教育学专业学生需要掌握深厚的
心理学知识 / 116

教育学专业学生需要掌握精深的
专业领域知识 / 121

对教育学专业学生的实践要求 / 123

教育见习 / 124

教育实习 / 125

教育研习 / 127

大有可为：教育学专业学生的前程 / 129
  教育学专业学生的就业形势 / 130
    2010—2019年全国普通本科高校教育学学科
      学生数 / 130
    本科毕业生就业的主要行业与职业
      及其变化趋势 / 132
    教育学专业毕业生就业概况 / 132
  教育学专业学生的就业方向 / 136
    教育教学 / 136
    教育管理 / 137
    教育科研 / 137
    教育咨询 / 138
    教育培训 / 139
    其他教育相关工作 / 140
  教育学专业学生的持续发展 / 140

参考文献 / 143

"走进大学"丛书拟出版书目 / 149

要而言之：教育学概述

讲述与传授的艺术。

——培根

人们对于教育活动并不陌生，但对于教育学这门学问是什么，却并不是特别清晰。尤其要将教育学作为未来毕生所学、所求、所致，就更需要了解教育学的研究对象到底是什么，以哪些理论为基础，以何种实践为依托，以何种方式进行？

▶▶ 教育学的研究对象

教育学是一门什么样的学问呢？在西方，教育学一词来源于希腊语"Pedagogue"，本义为"教仆"，引申为对儿童的教导。因此，从其词源来说，教育学就是一种教育教学中的引导术。更确切地说，教育学从产生开始就是一种关爱儿童成长、监护儿童学习的学问，即研究如何教

育儿童的学问。

教育儿童是一种促进和培养人的生命成长的实践过程,对于研究这门如何能够促进儿童学习成长的教育学科非常重要。教育学从产生至今,已发展出了较为明确的研究对象。一般认为,教育学是一门研究教育现象,揭示教育规律的科学。教育学的研究对象是以教育事实为基础,在教育价值观引导下形成的教育问题,其目的在于探索和揭示教育活动的规律性联系,以服务于教育实践。

教育问题的提出、解决和发展是推动教育学发展的内在动力。古希腊时期的教育问题,集中表现为"人是否应该接受教育""人接受教育的可能性""教育对人的作用是什么""人在什么时期接受教育最有效"以及"人如何进行教育"等较为宏观的教育问题,并围绕这些问题进行了不同角度的讨论。到了卢梭时期,教育问题又进一步向前推进。教育开始关注"人究竟从哪些方面接受教育""教育到底应根据成人的标准还是儿童的本性来进行"的具体问题上来,这两个问题极大地推动了教育学的发展。卢梭提出"要根据儿童身心发展的自然规律来进行教育"的自然教育理论,是对以上两个问题的回答,亦成为教育史上具有划时代意义的教育理论。自卢梭之后,随着教育活动的不断进行,人们进一步提出了一系列对立范畴性的教育问题。例如,在教育是要"掌握知识"还是"发展能力"的问题上,形成了"形式教育论"和"实质教育论"之争;在教育是要以"教师为主"还是"学生为主"的问题上,形成了"教师中心论"和"学生中心论"之争;在教育是要培养"全科人才"还是"专科人才"的问题上,形成了"通识教育"与"专业教育"之争等。教育学对这些问题的不断研究与回答,构成了教育史上不同的教育思想及其派别,由此推进了教育学科不断向前演进。从教育学产生至今,一方面,教育学的研究范围更加广阔,内容更加充实,从最原始的教学方法扩展到教育目的、教育内容、学校管理以及教育与公共福利之间的关系等。另一方面,教育学使用了更为完善的研究方法,吸收更为广泛学科的研究成果,认真地寻找事实材料,探讨实际的教育问题。

当今时代,在全民重视教育的大背景下,教育学要更加谨慎地审视在培养儿童过程中所面对的复杂问题。教育学的学习和研究要更加具有问题意识,要对教育实践保持一种敏感性,要善于发现问题、思考问题、解决问题。例如,在现今教育要"如何遵循儿童的身心发展规律?"儿童学习是否要"超前抢跑"?"什么叫不输在起跑线上?""全面发展与特长学习的关系如何?";等等。这些问题都需要教育学学习者和研究者给出有力的答案,这将是影响一代人甚至是几代人成长的"大学问",值得我们深入

研究。

▶▶教育学的理论基础

传统教育学只把哲学和心理学作为理论基础,如德国教育家赫尔巴特提出,"教育学作为一种科学,是以实践哲学和心理学为基础的。前者说明教育的目的,后者说明教育的途径、手段和障碍。"后来,教育学家逐渐扩大了教育学的理论基础,特别是19世纪初到20世纪初教育学的发展,选择了不同于其学科本身的理论基础,见表1。

表1　教育学的理论基础及其教育领域代表人物

教育学的理论基础	教育领域代表人物
实践哲学(伦理学) 心理学	赫尔巴特(1776—1841) 贝内克(1797—1854)
形而上学(哲学)	奥伊肯(1846—1926) 布德(1865—1944)
实践哲学(伦理学)	施莱尔马赫(1768—1834) 罗森克兰茨(1805—1879)
思辨哲学	纳托尔普(1854—1924)
精神科学(文化学)	迪尔泰(1833—1911)
神学	施瓦茨(1776—1857) 福禄培尔(1782—1852)
生理学、心理学、人类学	乌申斯基(1824—1870)

(续表)

教育学的理论基础	教育领域代表人物
心理学	孔佩雷(1834—1913)
心理学及生物学、人类学、卫生学、经济学、伦理学、美学、神学	拉伊(1862—1926)

以上表明教育学的理论基础呈现拓宽的趋势。其中19世纪的伦理学属于实践哲学,19世纪末的伦理学成为人文科学中的首要学科,甚至是尚未完全分化的社会理论或广义的文化理论的代名词,故对教育学的影响相当大,而社会学在20世纪才得到长足的发展;教育学的理论基础虽然日趋拓宽,但并非可以任意拓宽。关于教育学理论基础的不同选择,形成了不同性质与类型的教育学。如理论教育学以心理学与社会学为理论基础,而实践教育学一般以哲学为理论基础;以伦理学为理论基础的教育学,实际上是教育伦理学,以美学为理论基础的教育学,实际上是教育美学。表2为教育学命题及其相关学科知识。

表 2　教育学命题及其相关学科知识

教育学命题	相关学科知识
教育本质	历史唯物论(哲学)
教育与社会的关系 教育与经济(生产) 教育与政治 教育与文化	经济学 政治学 文化学

(续表)

教育学命题	相关学科知识
儿童年龄特征、个性	心理学
教育目的	马克思主义关于人的全面发展理论
课程门类	各门学科关于自身任务的表述
教育过程	认识论(哲学)
德育本质、内容	伦理学
品德	心理学
体育	体育理论
美育	美育理论
班级、师生关系	社会学

随着人们对教育学认识的深化，人们逐渐达成了这样的共识：人是世间万物最复杂的，因而教育也是复杂的，它涉及各方面的学科。天文、地理、自然科学、人文科学、语言学、心理学、生理学……因此教育学需要多方面的理论基础，需要各种不同学科的介入，只有广泛地汲取其他学科的营养，才能促进教育学自身的发展。教育学存在两大领域，一是与人的发展有关的领域，二是与社会发展有关的领域。就前者而言，以教育者、学生、学校以及有关教育内容、教育方法等问题为对象的教育学研究，在理论上应以哲学、心理学、伦理学、传播学、文化学、解剖学、语言学、信息学、脑科学以及人类学等科学作为理论的基础；就后者而言，则应以政治学、经济学、社会学、法学、管理学为其基础。尤其是哲学、经济学、社会学、心

理学、人类学和文化学是教育学发展必不可少的理论基础和源泉,它们为教育学研究提供理论依据和指导原则。也就是说,要想在教育学理论上取得进展,研究者必须把握现代科学,包括自然科学、社会科学、人文科学的发展态势并适当地掌握其内容,只有这样,才能对教育学做深入的研究。

▶▶教育学的实践基础

教育学的目的是解决教育实践的问题,而教育实践的问题又是教育学得以产生和发展的基础。教育学理论的实践性特征,表现为历史上很多教育家是实际教育工作者,他们把毕生的精力献给了人类的教育事业,教育实践为他们所探索的教育问题提供了重要的资源条件,也为他们研究成果的价值做出最终的检验和评价。

教育学史上不少教育家为了探求新的教育理论,进行着不同形式的教育实践。捷克教育家夸美纽斯开办泛智学校,并撰写了《泛智学校》一书,概述了泛智学校的教育方针、课程设置和学校组织准则等,开创了教学实验之先河。德国哲学家康德在哥尼斯堡大学开设教育学讲座时就计划创立一所实验学校,附属于该大学所在的系。德国教育家赫尔巴特在青少年时期做过三年的家庭教

师,他的教学理论也是他教学实践的总结。美国哲学家、教育家杜威按照计划,有步骤、有组织地开办了芝加哥实验学校。杜威的《学校与社会》一书,就是对创办芝加哥实验学校的经验总结。此外,如美国社会学家帕克创办的慕尼黑的"劳作学校",意大利幼儿教育家蒙台梭利创办的"儿童之家",都是著名的实验学校,他们根据一定的教学理论和教学方法,进行了长期的教学实验。这些教育实践总结出可贵的教育经验和教学理论,对世界各国教育的革新和发展产生了深远的影响。

教育实践按人类实践的时间和空间的形式来划分,主要有三个方面内容。第一,现实的教育实践和经验。教育学理论来自人类普遍的教育实践和经验,特别来自学校教育实践和经验,来自模范教师、特级教师的教育实践和经验。教育学只有保持和广大教育工作者密切的联系,并且把这些实践经验总结、吸收到自己的理论体系中来,才能使教育实践不断发展,才能对教育实践起推动和指导作用。第二,前人的教育实践和经验。教育实践有古今之分,前人的教育实践和经验不可忽视。人类教育作为一种具体的历史现象,任何时代的教育实践与人们对教育的认识,都有着一个从产生到发展的完整过程。可以说,人类教育的过去构成了现实存在教育的前提,并渗透到现实之中,成为影响和制约现实教育存在及未来发展的重要因素。因此,教育要面向现代化、面向世界、面向未来,认真地进行教育改革,以适应经济建设和技术革命的需要,就必须认真总结教育的历史经验。第三,外国的教育实践和经验。在研究我国教育现状的同时,还要注意研究和吸收国外的教育实践和经验。世界上各个国家和各个民族的所有教育理论和教育实践问题都属于教育学的研究对象。尽管各个国家和各个民族的社会制度、历史传统、文化观念不尽相同,但是,作为人类的一种有意识地保留和传递科学文化知识,以促进人类社会发展与进步的教育活动,它又有许多共通之处。通过比较各个国家和各个民族的教育理论和教育实践,发现其共同规律,以加深对我国教育学的认识,同时也为我国的教育改革提供可借鉴的有益理论和宝贵经验。

追根溯源：教育学的产生与发展

　　假如教育学希望尽快地严格地保持自身的概念，并进而培植出独立的思想，从而可能成为研究范围的中心，而不再有这样的危险——像偏僻的、被占领的区域一样受到外人治理，那么情况可好得多。

——赫尔巴特

　　教育学是一门既古老又年轻的学科。教育学的古老之处在于它萌发于教育活动的出现，伴随着人类教育实践的深入，教育经验的丰富孕育而生。早在几千年前，古代先哲们就开始对教育问题进行探讨和论述，并留下了宝贵的教育学遗产。教育学的年轻之处在于教育学真正成为一门独立形态的学科至今才走过 300 余年的历程，相对于其他的人文社会科学较为短暂。对于教育学发展历程的划分主要包括两种逻辑脉络：一种是根据研究方法将教育学的发展历程划分为经验描述阶段、哲学思辨阶段、科学实证阶段、规范综合阶段和科学人文阶段。另一种是根据教育学的发展水平将教育学的发展历程划分为教育学的萌芽阶段、教育学的独立形态阶段、教育学的多样化发展阶段和教育学的理论深化阶段。本书主要根据第二种逻辑脉络来介绍教育学的产生与发展史。

▶▶教育学的萌芽阶段

教育学的萌芽阶段又称为前教育学时期。教育学的萌芽时期,跨越了整个奴隶社会和封建社会。随着学校教育的产生与发展,教育问题逐渐进入人们的视野,对于教育问题的探讨、教育经验的总结和教育规律的揭示显得愈发重要。同时,教育学包含于人文社会科学领域,使得众多哲学家、政治家、思想家从哲学、政治和思想等观点出发开展对于教育的论述,表达自身对于教育的观点与态度。但是这些看法和论述往往是零散的、不系统的,常常散落于哲学、伦理学和政治学的著作中,即使是专门论述教育的著作,也只是涉及教育的某些方面,并没有形成一个完整的知识体系。他们的观点和看法可以说是一种简单的教育思想,但还称不上是教育学,仅是对于教育问题的一些比较零散的见解。尽管他们的有些见解具有深刻价值意义,但更多的是一种经验的描述,缺乏系统

性、理论分析和逻辑论证,难以被称之为理论。

➡➡中国历史上的教育思想概况

中国最早有意识研究教育教学并形成较为系统化的教育思想是从孔子开始的。自此以后,在我国历史上不断涌现出许多著名的教育思想家与教育流派,留下了丰富、宝贵的教育遗产,推动了教育实践的改革与发展。

孔子是中国古代最伟大的教育家、思想家和政治家。其教育思想主要体现在其弟子通过对孔子言论记录而形成的《论语》中,孔子首次开始私人讲学,提出"有教无类"的思想,即每个人都可以通过教育成为知仁明礼的人。孔子根据"性相近,习相远"的人性论,强调后天教育的重要性。在教学内容上,孔子主张"仁""智"并重,即在强调德行培养的同时,也肯定知识传授的重要性。孔子继承了西周六艺教育的传统,在教学方法上首次提出"启发式"教学,引导学生主动思考,探索求知,调动学生学习的积极性。在教学原则上,孔子强调因材施教,即根据每个学生的学习能力以及现有的知识水平,并结合其性格特点实施不同的教育。在学习与思考的关系上,孔子进行了辩证的思考,提出"学而不思则罔,思而不学则殆"的学思结合主张。同时孔子还论述了教育与经济的关系,主张在发展经济的基础上重视教育,也就是先富后教的思想。庶富教理论是我国最早关于教育与经济关系的论述。孔子的教育思想在很长时期一直影响着中国的教育活动及众多教育学和广大教师。其"因材施教""启发诱导"思想至今影响我国的教育实践及教育理论的研究。

《学记》是《礼记》49篇中的一篇,出现在战国时期,由儒家思孟学派撰写,是人类最早的专门论述教育的著作,比西方最早的教育学著作——古罗马教育家昆体良的《论演说家的培养》还早300年左右。《学记》系统阐述了教育的作用和任务,学制体系,教育教学方法、原则,师生关系、生生关系及教师的地位和作用,被誉为教育学的雏形。

《学记》开篇提出"化民成俗,其必由学","建国君民,教学为先",阐述了教育的目的,揭示了教育的重要性以及教育和政治的关系。制定了从基层到中央的完整的教育体制,即"古之教者,家有塾、党有庠、术有序、国有学",大学的具体学制是"比年入学,中年考校。一年视离经辨志,三年视敬业乐群,五年视博习亲师,七年视论学取友,谓之小成;九年知类通达,强立而不反,谓之大成"提出了严格的视导和考试制度。《学记》中对后世影响最为深远的是其关于教育教学原则的论述,如教学相长原则、启发诱导原则。同时,还提出长善救失原则,即善于发现学生

的长处并能引导学生纠正自己的失误过错；豫时孙摩原则，即教学要根据学生的年龄特征和身心发展规律循序渐进的开展，同学之间相互观摩、相互学习、取长补短，共同进步；藏息相辅原则，即课内与课外相结合等。这些教学原则在一定程度上揭示了教育规律，至今仍具有现实的指导意义，为当前的教学理论的发展奠定了强有力的基础。

尽管我国的教育发展历程久远，出现了许多卓越的教育家，他们在对前人思想批判继承的基础上结合对自身教育实践经验的总结概括，著书立说，形成了丰富的教育思想，留下了宝贵的教育学遗产，在人类教育学史上留下了浓墨重彩的一笔。但教育学作为一门独立形态的学科并没有首先出现在中国，而是开始于西欧。

➡➡西方古代历史上的教育思想概况

作为西方文明起源的古希腊也是西方教育思想的源头。古希腊地理位置优越，经济高度繁荣，再加之城邦民主政治的实施，使其形成了辉煌灿烂的文化，诞生了一大批哲学家、思想家和教育家，孕育了丰富且具有价值的教育思想。古罗马在对古希腊教育理论吸收与消化的过程中根据自身的实际情况做出调整和补充。被称为"黑暗时代"的欧洲中世纪的教育史，弥漫着浓厚的宗教神学色彩，教育学在这一时期的发展较为缓慢。文艺复兴以后，百家争鸣，文化空前繁荣，高度宣扬人性，人文主义教育观成为这一时期的主流，推动着教育实践的发展与教育理论的深入。

苏格拉底是古希腊著名的哲学家和教育家，他把道德修养作为教育的最高目的，主张"美德即知识、智慧即德行、德行可教"，他认为人之所以不能为善，是因为他对于什么是善没有真实的认识，道德不是天生的，正确的行为基于正确的判断，因此教人关于道德的知识就能够培养人的德行，就是在教人智慧。苏格拉底在教学方法上提倡"产婆术"，也称"问答法"，共分为四个步骤：一是讥讽，根据对方的发言不断地追问，迫使对方陷入自相矛盾之中，无言以对，承认自己的无知。二是"助产"，帮助对方自己找到问题的答案。三是归纳，通过从个别的具体的事物中找出共性和本质，寻求一般的、普遍的规律。四是定义，将个别的事物归入一般的概念，得到关于该事物的普遍概念。苏格拉底的"产婆术"被看作西方启发式教学思想的由来。苏格拉底全部教育思想的本质就在于"使人们觉得无知，从而对知识进行探讨"。

柏拉图是苏格拉底的学生，也是古希腊著名的思想家和教育家。其全部教育思想集中体现在代表作《理想

国》一书中。他在该书中描绘了理想国的结构并把国家分为三个阶层:受过严格哲学教育的统治阶层、保卫国家的武士阶层以及平民阶层。在柏拉图看来,理想国的统治者必须是最具学识的哲学家。他非常重视教育的作用,认为理想国的建立主要通过教育来维持,通过教育来培养合格的人才。他揭示了教育与政治之间的密切关系,强调教育应由国家来集中管理,取消私人办学,对全体公民实施强迫教育,这是国家教育主义思想的源头。在教育内容上,柏拉图在智者学派倡导的三艺(文法、修辞、逻辑学)的基础上增加了算术、几何、天文、音乐,合称"七艺"。此外,他的有关幼儿教育、女子教育的主张,关于游戏音乐、文学在教育中的作用的论述对后世产生了重大的影响。

亚里士多德是柏拉图的学生,是古希腊百科全书式的哲学家。他提倡柏拉图的主张,强调教育是国家的职能,学校应由国家管理。他将人的灵魂分成两个部分:理性灵魂部分和非理性灵魂部分。非理性灵魂的功能是本能的感觉和欲望,理性灵魂的功能是思维、理解和认识。他承认感觉在认识过程中的作用,但仅仅起到的是一种诱发作用,真理的获得最终是要依靠理性思考的。因此,他将发展人的理性作为教育的最高目的。在教学方法上重视联系与实践的作用,如在音乐教学中经常安排儿童登台演奏，通过亲身的实践联系来熟练技术，提高水平。提倡"文雅教育"思想，把学科分为有用的和文雅的，认为有用的学科是不高尚的，不文雅的，因为它服务于实用和功利，而文雅的学科高尚在于它服务于闲暇。这种思想支配了欧美中高等教育2000多年。亚里士多德首次提出根据儿童的身心发展特点对儿童进行分阶段教育，开了后代资产阶级"遵循自然"的教育思想之先河。

相比于古希腊，古罗马有着更大规模的学校教育实践，所以比较重视课程问题以及教学方法的研究。古罗马教育的主要特征集中体现在昆体良的教育理论体系中。

昆体良是古罗马著名的律师和修辞学教师。他的著作《雄辩术原理》既是一本修辞学教程，又是一部教学法论著，该书是对其教学经验的总结，同时也是对古代西方教育实践成功经验的总结。昆体良认为教育的目的是培养良好的德行而精于雄辩术的人，也就是培养雄辩家和演说家。在教学组织上，昆体良率先提出了分班教学的思想，在课程设置上主张专业知识应建立在广博的知识学习的基础之上。在教学方法上，他提倡启发诱导和提问解答。此外，他还提出量力性原则，认为教师所传授的知识的分量和深度应该适合儿童的天性。

前教育学时期，无论是在哲学和政治学的论述中所体现的教育学观点，还是专门从事教育实践的教育家对自身教育经验总结所形成的教育思想，都为独立形态教育学的诞生做出了理论基础和思想积淀。许多观点的论述开时代之先河，成为后世众多教育思想的源泉，甚至有些观点在今天仍具有积极的价值。但就其理论的系统性与深刻性而言，还是没有达到科学的水平，思维与论述的方式也大都采用一些机械类比、比喻、格言、寓言等方式，而且也没有形成专门的教育学语言。

▶▶教育学在近代西方的形成

17世纪，资本主义制度在欧洲确立。随着资本主义生产的发展，科学技术的进步以及文化的繁荣，一批思想家和教育家运用较为科学的方法专门对教育问题进行研究，形成了专门反映教育本质和规律的教育概念和范畴，出现了一系列教育学著作，由此出现了体系较为完整的教育学，教育学逐渐成为一门独立的学科。

➡➡教育学产生的条件

❖❖资本主义经济社会全面发展的需要和新兴学科的出现

任何学科的创立都是主、客观条件综合作用下产生的，教育学也不例外。17—19世纪，资本主义制度逐渐确立并得以巩固，资本主义的产生和发展使得讲授新兴自然科学、社会科学知识和现代语的实科学校出现，传统的古典教育所使用的教学方法都不再适用，培养具有新的教育思想，掌握新的教育方法的教师是教育实践发展的客观需要。同时，大工业生产需要大量的具备科学文化知识、掌握生产技术原理的劳动者，因此，西方各国逐渐开始了教育的普及，教学规模的扩大，相应而来的就是新的教学组织形式——班级授课制的出现。教育能否培养出合乎规格的人才，即教育的质量问题日益受到关注。原先在个别教育组织形式下成长起来的教师在面对大规模的教学对象进行授课时，必须接受必要的培训。在新的教学内容、新的教学组织形式的综合作用下，一门能够对教育现象和教育问题进行解释说明，并揭示教育规律的学科——教育学便应运而生，给予教育实践以科学的指导，使得教师理解什么是教育教学，掌握如何进行教育教学的理论和技能。因此，师范学校教育学课程的开设和教育学科师资的培养催生了教育学的独立。

❖❖ 近代以来科学分门别类发展的总趋势和一般科学方法论的奠定

近代以前，哲学是一切知识的母体，自然科学、社会

科学和人文科学是以整体的形式出现的,亚里士多德创立的古典演绎法被认为是获取知识的唯一方法。文艺复兴以来,哲学开始冲破经院哲学的束缚,其对于理性的高扬为近代自然科学的大踏步前进开辟了道路,使自然科学率先从哲学的母体中分离出来,作为独立的学科而存在,由培根提出的归纳方法成为自然科学研究的重要方法。在自然科学内部,学科进一步分化,力学、天文学等学科开始作为具体的学科而存在,牛顿力学中所使用的规范与数学相结合的方法被称为自然科学方法的典范,并与其他学科的研究方法一起构成了自然科学方法论体系。自然科学的分化逐渐引起了社会科学学者的关注,根据研究对象、研究目的以及知识的性质等方面特征对社会科学进行分类。因此,科学分门别类发展的总趋势和一般科学方法论的奠定是教育学学科独立的重要条件。

❖❖近代著名学者和教育家的教育意识觉醒和不懈努力

任何一门学科的独立和产生除了需要客观环境给予各种条件支持外,还需要相关学者充分发挥主观能动性,将其作为一种自觉的意识不懈追求,教育学也是这样。近代以来,从撰写近代第一本教育学著作《大教学论》的夸美纽斯到提倡绅士教育的洛克,从提倡自然主义教育的卢梭到主张教育心理学化的裴斯泰洛齐,再到出版较为完整系统的教育学著作《普通教育学》的赫尔巴特,一代又一代教育学家,摒弃功利与浮躁,前赴后继,矢志不渝,致力于独立形态教育学学科的产生。

被称为现代实验科学鼻祖的培根(1561—1626),结束了亚里士多德以来的以神学为依归的经院哲学时代,提出了实验的归纳法,将其作为获得真正知识的必由之路,奠定了教育学的方法论基础。1623年,培根在《论科学的价值和发展》对科学进行分类中,首次提出将"教育学"作为一门独立的学科,并把它理解为"讲述与传授的艺术",为独立形态教育学的出现做出了重要贡献。

➡➡"教育学之父"夸美纽斯的教育思想

夸美纽斯在反对封建教育、推动资本主义教育改革与发展、建立新的教育科学等方面起到了积极的作用,被誉为"教育学之父"。夸美纽斯继承了文艺复兴以来的人文主义思想,吸取了16—17世纪自然科学的研究成果和唯物论思想,通过对自身多年从事学校教育经验的概括撰写了《大教学论》一书,该书被认为是近代第一本系统介绍教育学的著作,标志着独立形态教育学的产生。在书中开宗明义地指出大教学论是"一种把一切事物交给一切人类的全部艺术",建立了包括教育目的论、德育论、

教育原则体系、课程与教学论、教学组织形式、教育制度等比较完整的教育理论体系,并从自然规律尤其是儿童身心发展规律出发结合培根的归纳法思想对其教学内容、原则、方法进行论证。夸美纽斯认为教育是形成人的品德和智慧的最重要的工具,通过对人的教育最终可以达到改造社会的目的。他坚持泛智教育即"将一切知识教给一切人",包括两个方面的内容:一是教育对象的普及化,每个人都有接受教育的可能和权利,一切男女青年都应进学校;二是教育内容的泛智化,掌握对人类来说必需的一切知识。他在自然适应性原则的基础上对人的本质和教育的本质做了新的探索,根据人不同的年龄身心发展特点确立了学校教育制度和教育内容。

夸美纽斯根据儿童心智发展的进程,把青少年的身心发展按年龄划分成四个时期,每一时期对应着一个教育阶段。即婴儿期的母育学校阶段(0～6岁)、儿童期的普通话学校阶段(6～12岁)、少年期的拉丁语学校阶段(12～18岁)和青年期的大学阶段(18～24岁),在四级学校里,根据各级学校的教学任务和学习内容而使儿童的心智得到循序渐进的发展。

夸美纽斯所拟定的人类教育史上第一部完整的单轨学制,有力地冲击了中世纪混乱、分散、孤立和不连贯的封建等级教育制度。他开创性的将母育教育纳入统一学制中,使得学校系统相互衔接,教学活动井然有序。这种建立全国统一的、既分段又相连的学校制度的思想,直接影响到后来各国公立学校制度的建立和发展。此外,他还系统地论述了班级授课制的教学组织形式,提出了直观性原则、巩固性原则、量力性原则、系统性和循序渐进原则等教学原则。高度评价了教师的职业,强调了教师的作用。

➡➡将教育学"首次列入大学课程"的康德教育思想

1776年,德国著名哲学家康德在柯尼斯堡大学开始讲授教育学,这是教育学首次列入大学课程的开端。其学生林克将康德在大学讲座上有关教育学的讲演稿整理编撰,并于1803年出版了《康德论教育》一书。在书中,康德明确指出教育是一门艰难的艺术,其实践必须与真知灼见结合起来,这里的真知灼见是指关于教育的理性的态度和知识,也就是教育理论。如何获得这种真知灼见呢?康德认为,"教育一定要成为一种学业,否则无所希望""教育的方法必须成为一种科学"。此外,康德还主张"教育实验",对后来的实验教育学的兴起产生了一定的影响。这本唯一关于康德教育思想的论著是以理性的人性论为基础的道德教育学说,一方面可以看到,康德继

承了卢梭的尊重人及个体自然发展规律的思想，不同的是，他非常重视在促进人的道德社会性中教育的规范作用。他认为"只有人是需要教育的"，教育能够不断地改进和完善人性。儿童接受教育是为了将来人可能改良到的一种境界而不是仅仅着眼于当下生活，在他看来教育的最终目的是实现至善的世界，实现大同的世界。康德在大学哲学讲座上首开教育学课程以及在其道德教育学说中的高深见解推动了教育思想与理论的科学化。

➡➡ **提出"教育要遵循儿童自然天性"的卢梭教育思想**

卢梭，法国启蒙思想家，提出了"教育要遵循儿童自然天性"的观点，对教育学的形成产生了深远的影响。他用小说体撰写了教育专著《爱弥儿》，以虚构人物爱弥儿的成长经历为线索，对当时流行的古典主义教育模式和思想从培养目标到教育内容和教育方法进行了抨击。《爱弥儿》开篇就立场鲜明地举起了遵循人自身成长规律和自然主义教育的大旗。他的"自然教育"主要是强调儿童本性是向善的，即与生俱来的自由、平等、博爱、淳朴和良知。如果从社会制度环境、习俗惯例、偏见出发对儿童施加教育会压抑、扼杀儿童的天性，扭曲人性。因此，让儿童要远离城市，到偏远宁静的乡村生活，为儿童营造一个适合人性健康发展最淳朴本真的接受教育的环境。简言之,就是要尊重儿童的自然本性,让儿童顺其自然的发展。卢梭以爱弥儿成长的全过程为例,对儿童按年龄划分教育阶段,详细论述每一年龄阶段儿童身心发展特点及相对应的教育重点、内容和方法。

卢梭把儿童的教育分为四个时期,并提出了对不同时期的儿童进行教育的任务、内容和方法。

• 婴儿期(从出生到两岁)。卢梭认为康健的体魄是智慧的基础,是儿童接受自然教育的先决条件,在这个阶段,教育的主要任务是促进儿童的身体健康。

• 儿童期(从两岁至十二岁)。卢梭认为,儿童在这个阶段的智力和记忆力都带有感性色彩,缺乏理性思维,因此在教育上不能强迫儿童去思考,去读书,而应该着重发展儿童的感官,积累丰富的感觉经验。

• 少年期(从十二岁至十五岁)。儿童通过感官教育和体育积累了丰富的感觉经验,身体也得到了发展,能够进行理性思维,教育的任务是进行智力教育和劳动技术教育。

• 青年期(从十五岁至二十岁)。这个时期被卢梭称为"暴风雨和热情"的时期,教育的主要任务就是把儿童从乡村带回城市进行道德教育。

尽管卢梭在按年龄而施教中对儿童年龄阶段的划分以及相应的施教内容与方法的确定缺乏理论依据和严密的科学论证,但他在一定程度上揭示了不同年龄阶段儿童身心发展变化的某些规律,积极推动了儿童心理学和教育心理学的发展。《爱弥儿》一书开创了以儿童个体发展为中心问题领域的研究传统,使教育理论进入开始重视研究儿童的新时期。卢梭的"教育要遵循儿童自然天性"的思想对后来的著名教育家,如裴斯泰洛齐、赫尔巴特、杜威等人产生了深远影响,他们的众多有价值的论断根源于卢梭的教育思想,如裴斯泰洛齐所倡导的"教育心理学化"运动,杜威的"教育即生长"等。

➡➡在"行动中遵循儿童自然天性"的裴斯泰洛齐教育思想

裴斯泰洛齐是卢梭教育思想的信奉者,他把"教育要遵循儿童自然天性"的观点从信奉的热情转化为实际行动。他以毕生的精力从事穷苦儿童的教育工作并撰写了许多教育著作,其中最著名的是《林哈德和葛笃德》一书。他认为,教育的目的在于按照自然法则全面、和谐的发展儿童的一切天赋力量,塑造完整且富有个性特征的人。要达到这个目的,教育必须与生产劳动相结合,必须遵循自然,符合儿童的天性。

裴斯泰洛齐认为教育就是促进自然天性遵循它固有的方式发展的艺术，他毕生致力于自然与教育艺术的结合。裴斯泰洛齐提出了"教育心理学化"的口号，即教育要适应自然规律，尊重儿童的身心发展特点，教育学应建立在人的心理活动的基础上。他强调儿童的天赋能力和力量的发展都有从简单到复杂的顺序，教育也应从最基本、最简单的要素开始，由易到难、循序渐进，为此他提出了要素教育，详细论述了智育、体育、德育及劳动技术教育中的要素问题。他在自己创办的孤儿院和学院进行教育实践和改革试验中探索出一套适合初等教育的方法，这种方法体现了对儿童心理能力的分析与教材顺序、方法选择一致性的探讨。裴斯泰洛齐的教育实验及其取得的成功，吸引了包括赫尔巴特在内的同时代关心和研究教育问题的人士前往参观学习。他的教育思想深刻影响了19世纪欧洲的教育实践和教育学的科学发展。

➡➡将教育理论提高到学科水平的赫尔巴特教育思想

赫尔巴特是被公认为将教育理论提高到学科水平的德国著名教育家、心理学家和哲学家，他提出了教育学科学化的问题。他尖锐地指出当时的教育领域面临着一种危险处境，认为任何科学只有当其尝试用自己的方式并与其邻近科学一样有力地说明自己的方向的时候，它们

之间才能进行取长补短的交流,而教育学自己的方式不是指单纯的教育经验的积累,也不是盲目的教育实验,而是要有自身的概念,普通教育学必须把论述基本概念放在一切论述之前,倘若没有这些基本的概念,人们对于教育的认识只能停留在经验的水平上,停留在教育术的阶段,难以真正成为一种科学。赫尔巴特在1806年出版的《普通教育学》一书中建立了完整的教育学理论体系,论述了一系列的教育学的基本概念和范畴,是现代第一部系统的教育学著作,使教育学最终成为一门独立的学科。在西方教育史上,以赫尔巴特的《普通教育学》作为科学教育学产生的里程碑,将其称为"现代教育学之父""科学教育学的奠基人"。

赫尔巴特指明了教育学的理论基础,即以实践哲学和心理学为基础。前者说明教育的目的,后者说明教育的途径、手段与障碍。关于教育目的,赫尔巴特提出人们具有五种道德观念:内心自由、完善、仁慈、正义、公平与报偿(法律制裁),教育的最高目的就是培养人的这五种道德观念。同时提出了"教育性教学原则",认为教育(道德教育)通过而且只有通过教育才能真正产生实际的作用,教学是道德教育的基本途径。赫尔巴特是西方历史上第一个将心理学作为独立学科研究的教育家,他将统觉概念赋予自己的思想用于教学中,形成统觉理论,具体来说就是教学必须是学生在接受新教材的同时，唤起心中已有的相似的观念，以促进新旧知识的联合，达到对知识系统性的认识，起到强化巩固作用。根据统觉理论，赫尔巴特提出了教学形式阶段理论，他认为统觉过程的完成大概分为感官的刺激、新旧观念的分析与联合、统觉团的形成这三个环节，在此基础上按照心理活动过程把教学过程分成明了、联想、系统、方法四个连续阶段。

在教学形式阶段理论的指导下，复杂的教学过程成为一种程序化和可操作性的活动，对广大教师的教学实践具有实质性的价值，该理论也因此被世界各国普遍采用，至今对课堂教学仍发挥着重要的作用，我国当前所采用的教学程序正是借鉴赫尔巴特的教学形式阶段论。他主张课程内容的选择须与儿童的经验和兴趣相一致，但同时也强调系统知识的传授，强调课堂教学的作用、强调教材的重要性，强调教师的重要地位，形成了传统教育教师中心、教材中心、课堂中心的特点。赫尔巴特学说经过其弟子的发扬光大曾一度风靡全球，在19世纪以后对许多国家的教育实践和教育思想产生了很大的影响，赫尔巴特被看作"传统教育学"的代表。

总之，在教育学逐渐成为一门独立的学科的过程中，不同时代、不同国家的教育家，前赴后继，潜心教育研究，

他们发表了一系列的教育著作,不断丰富教育理论,助力于完整体系教育学的最终形成。他们对教育问题的论述,已不仅仅停留在现象的描述上,逐渐过渡到理论的说明。要求教育要尊重儿童的天性,适应儿童的身心发展特点,开始将心理学作为理论基础,研究教育问题,揭示教育规律。但是,他们对于理论的论证未能采用科学的实证和实验方法,更多的是一种自然现象的类比或者思辨式的演绎和推理。因此,这一时期的教育学还未真正达到科学化的程度。

▶▶教育学的多样化发展阶段

19世纪末20世纪初,伴随着自然科学的飞速发展,人文社会学科,如社会学、心理学、法律学和政治学等学科也逐渐兴起,科学百花园呈现出一片欣欣向荣的景象。这些学科所取得的丰硕研究成果为教育学发展提供了充足的知识储备,同时这些学科所采用的研究方法,如社会学所用的实证方法和心理学所用的实验方法,也被教育学所采纳来开展教育问题的研究,使得教育学向实证社会科学转换,教育学的科学化程度也因此不断加深。由于人们所处的社会环境的不同,在经济发展状况、社会制度、文化传统习俗偏见等因素的影响下,不同地域的教育家对于教育问题的认识也不尽相同,所开展的教育实践也存在差异，如美国出现的反对传统教育学派的"进步主义教育运动"，欧洲出现的"新教育运动"（在教育目的、内容、方法等方面区别于旧式学校的新学校），因此出现了异彩纷呈的教育思想和教育流派，如实用主义教育学、实验教育学、马克思主义教育学等，他们彼此之间相互争鸣、相互借鉴，推动着教育学向多元化发展。

➡➡提出"科学知识最有价值"的斯宾塞教育思想

斯宾塞是英国著名的资产阶级思想家、社会学家和教育学家，于1861年出版了《教育论》一书。作为实证主义的代表，他主张教育应为完满的生活做准备并呼吁教育应摆脱传统的古典主义束缚，适应生产、生活需要。他提出学校应该教授有价值的知识。在他看来科学知识最有价值，与人类生产、生活密切相关的知识最有价值。

斯宾塞将人生活的主要活动分成了五类：一是直接保全自己的活动；二是获得生活必需品从而间接保全自己的活动；三是目的在抚养教育子女的活动；四是与维持正常社会政治关系有关的活动；五是在生活中的闲暇时间满足爱好和感情的各种活动。因此他强调应将生理学、解剖学、数学、机械学、物理学、化学、生物学、心理学等实用学科引入学校的课程体系之中，反对古典语言和文学的教育。提倡德智体三育兼顾。在教学原则和方法

方面,他主张应该调动学生学习的自觉性,引导学生自己进行讨论和推论,反对形式主义的教学。在教育学研究上他坚持实证主义的方法论。斯宾塞的教育思想适应了19世纪资本主义社会的发展,但过分强调实用学科在学校课程中的重要性。

➡➡主张用自然科学方法研究教育的实验教育学派思想

19世纪末20世纪初,一些欧美国家兴起实验教育学的教育理论,主张用自然科学的实验法研究儿童发展及其教育关系。其代表人物是德国的梅伊曼和拉伊,代表著作有梅伊曼的《实验教育学入门讲义》《实验教育学纲要》及拉伊的《实验教育学》。实验教育学的教育理论反对以赫尔巴特为代表的强调概念思辨的教育学,主张把实验心理学的研究成果和方法运用于教育研究,以推动教育研究的科学化。认为教育实验应包括围绕某一问题提出假设;制订实验计划并着手实验;将实验结果进行实际运用来证明其正确性三个阶段。倡导在探索儿童心理发展过程的特点和智力发展水平时适宜采用实验、统计和比较的方法,而教育实验所得出的数据对于改革学制、课程和教学方法能够具有重大的参考价值。强调教育实验要在真实的学校环境和教学实践中进行,不同于心理学的那种在实验室所进行的心理实验。实验教育学反对传统教育学思辨式和经验式的研究方法,其所强调的定量研究的方法在教育学研究中得到广泛的运用,成为20世纪教育学研究的一个基本范式。但也应清醒地认识到,在设计价值判断和选择问题时,如教育目的,就不适宜采用量化研究的方法。若不考虑教育问题的性质,盲目地推崇定量方法,甚至将其作为教育科学研究的唯一有效方法时,就容易陷入教育学研究的"唯科学主义"的迷途。

➡➡"实用主义教育学说"代表人物杜威的教育思想

杜威是美国著名的实用主义哲学家、心理学家和教育学家,是19世纪末20世纪初美国实用主义教育学说的代表人物之一。《民主主义与教育》是其最为出名的代表作。他从实用主义出发对传统教育中以教材、课堂、教师为中心的主张做出批判。指出外铄的教育目的以及机械式的灌输法,使得教育与社会生活实际相脱离,忽视了儿童的心理特点、经验、兴趣和需要,压抑儿童的天性和创造性。提出"教育即生长",教育就是要使儿童的各种自然倾向和能力的正常成长;"教育即生活","生活就是发展;不断发展,不断生长,就是生活"。教育过程本身就是生活的过程,教育应当是儿童现在生活的过程,而不是为未来的生活做准备,杜威在"教育即生活"的基础上进一步提出了"学校即社会",将学校看成一个小型社会,现

实生活中所要求的知识、技能以及基本态度应该是学生在校学习的重要内容;"教育即个体经验的持续不断改造",他认为教育是从已知经验到未知经验的连续过程,通过儿童的亲身活动而不是既有学科知识的传授使学生不断地改组、改造已有经验,增加新的经验,为此他提出"从做中学"的命题。

杜威提出的"从做中学"思想,将学生知识技能的获得与生活过程中的各种活动作业联系起来,而这些活动都是学生感兴趣的且与自身息息相关的,是具有真正教育意义的,因此有助于学生成长和发展。可以说"从做中学"是实现"教育即生活""学校即社会""教育即经验的不断改造"主张的根本手段,是杜威全部的教学理论的基本原则。从以上关于教育本质的认识中,杜威立场鲜明地提出"以儿童为中心"的主张,强调教师应从学生发展的角度出发,围绕学生的经验、需要以及活动来组织教学,而不是以学科知识逻辑体系为依据,以此来调动学生学习的积极性、主动性,激发学生的思维及创造性。20世纪30年代,杜威的实用主义教育学说在世界各国广为流传,形成了与以赫尔巴特为代表的传统教育学派相对立的现代教育学派。但是,实用主义教育学说忽视了系统知识的传授,忽视了教师在教育过程中的主导作用,因此必然会带来教学组织秩序的混乱及教育质量的下滑。实用主义教育学说在20世纪50年代以后逐渐走向衰落。

▶▶教育学的理论深化阶段

20世纪50年代,教育学开始进入理论深化阶段,这是多种因素共同作用的结果。在新的技术革命影响下,社会生产生活发生了重大变化,人们逐渐意识到智力的开发和运用在提高生产效率和发展经济中释放的巨大能量,由此掀起了世界范围内新的教育改革浪潮。在改革实践的推动下,教育理论在不断地拓展和丰富,从而促进了教育学的发展。与此同时,新兴学科不断涌现,在科学的综合化发展的趋势下,教育学与社会学、经济学、心理学等学科相互渗透,交叉融合。再加上控制论、信息论和系统论的产生与发展,为教育学的研究拓宽了新的思路、增添了新的方法。在这样一个大背景下,欧美的教育学家在前人研究的基础上,借鉴其他学科所取得的最新研究成果以及所采用的研究方法,积极开展教育实验,使得教育学的理论向纵深方向发展。

➡➡建立"教育目标分类体系"的布鲁姆教育思想

布鲁姆是美国当代著名心理学家和教育家,在1956年建立了教育目标分类体系,为课程编制和测试评价提供合理的框架。布鲁姆同卡拉斯沃、辛普森等人

将教育目标分为三大类,即认知目标、情感目标与动作技能目标,每类目标又分成不同的层次,如在认知目标下又细分了知识、理解、运用、分析、综合和评价,这些具体目标排列成由低到高的阶梯。

此外卡拉斯沃尔等人将情感领域教学目标按价值内化程度,由低级到高级分为5级,即接受、反应、价值化(价值判断)、价值组织、价值与价值体系个性化。辛普森等人将动作技能领域的教学目标由低级到高级分为7级,即知觉、准备、有指导的反应、机械动作、复杂的外显行为、适应、创新。布鲁姆等人的教育目标分类改变了以往教育目标表述的抽象、笼统的情况,受到世界各国的教育领域的普遍关注,我国的教育目标以及课程标准的编制都是建立在这一目标分类体系的基础之上的。

布鲁姆还提出了掌握学习理论,他认为在合适的学习条件下,绝大多数学生在学习能力、学习速度以及学习动机上都是十分相近的,教师只要教材选择恰当,期待重视学生的学业成绩,对于学生的进步及时给予评价和反馈,学校所规定的课程内容能够被90%以上的同学所掌握。他反对以分等、筛选为目的传统教育评价,强调教育评价在改进教师教学,促进学生学习的作用。因此,他按照教学过程将教育评价分为诊断性评价、形成性评价以及总结性评价这三大类。布鲁姆的教育评价学说在提升教学和学习效果方面具有明显的积极意义,受到教育实践以及理论界的广泛推崇,成为各国教育教学方面改革的重点。

➡➡提出"学科结构和发现学习法"的布鲁纳教育思想

布鲁纳是当代认知心理学派和结构主义教育思想的代表人物之一,是美国著名的教育心理学家。他在1960年出版的《教育过程》一书成为指导美国20世纪60年代课程改革的纲领性著作。布鲁纳认为教学目标应该是在引导学生掌握知识技能的同时,促使学生的智力得到最大程度的发展,培养学生的批判求证、探索发现以及发明创造的意识和能力。在布鲁纳看来,教学是学生在教师的指导下,使原有的知识结构不断地重组和改造的过程,任何一门学科都包含着基本概念、基本原理和规则、基本公式、基本方法等基本知识点,它们构成学科的基本结构。

掌握学科的结构,就是允许以与事物有意义地联系起来的方式理解事物也就是要从事物的根本联系上把握和理解事物。学生只要将学科的基本结构理解透彻、准确掌握,就能快速地全面系统地理解该学科的内容,从而

很好地掌握整个学科,实现知识的迁移与运用。在教材的编写以及教学组织上,布鲁纳认为应该按照儿童的身心发展规律以及儿童观察事物的方式去开展某门学科的教学,即从儿童的认知特点出发来确定教材内容的呈现形式、呈现顺序以及教学进度和教学方式。在教学方法上,布鲁纳反对传统的灌输式教学,主张引导学生积极主动地参与探究发现学习,让学生用自己的头脑获得知识的一切形式。

布鲁纳的结构主义教育思想注重发挥学生的主体精神,有利于激发学生探索未知世界的兴趣和好奇心,调动学生学习的内部动机,培养学生批判性和创造性思维,提升学生自我学习能力。但他过于强调学科结构的重要性,使得课程与教学的难度加大,忽视了学生的接受能力,不利于一般学生的掌握,一定程度上影响了教学效率。

➡️➡️提出根据学生"最近发展区"进行教学的赞可夫教育思想

赞可夫是苏联著名的心理学家和教育家。他从1957年起便开展了长达20年的教学与发展的研究工作,其1975年出版的《教学与发展》一书就是对其自身教学改革实验的总结,他创建了关注学生一般发展的发展性教学新体系。关于教学与学生发展之间的关系,赞可夫认为教学是促进学生发展的手段,但教学和学生发展之间并不完全对应,学生的认知发展水平并不完全随着科学文化知识获得的增加而提升。教学应走在发展的前面。教师在教学过程中主要是引导学生完成掌握知识和技巧及促进发展两项任务。他将儿童的一般发展水平分为三个级别,第一级是儿童现有的发展水平,第三级是儿童未来才能达到的水平,介于二者之间的为学生的最近发展区。一般发展是指儿童的个性发展,与片面发展相对立的概念,类似于我们所说的智力、情感、意志、品质等身心全面发展。赞可夫的发展性教学理论打破了传统教学把学生看成被动接受知识的对象,重视教师的主导作用,重视课堂教学以及书本知识的传授,把教学同发展联系起来,对苏联20世纪60年代的教学改革产生了巨大的影响,丰富和发展了现代教学理论。

▶▶近代西方教育学在中国的传播与发展

近代西方教育学在中国的传播与发展较晚,从中国的现代才开始引入,并主要分为两个阶段。第一阶段是西方教育学在中国的传播阶段,第二阶段是西方教育学在中国开始独立发展的阶段。西方教育学在中国独立发展阶段在第三部分已经介绍,这里不再详述。

➡➡西方教育学在中国的传播

教育学作为一门独立形态的学科在中国的出现,是从西方输入过来的。尽管从春秋战国开始,涌现了无数的教育家,根据自身的教育实践经验,著书立说,发表对教育学的观点和看法。一些闻名世界的论述教育教学的著作如《论语》《学记》《大学》等蕴含着博大精深的教育思想。但教育思想并不等同于教育学,它只是关于教育的某一方面或某些方面的观点和论述,缺乏系统性、缺乏论证。清末"废科举、兴学校"的教育改革下,培养师资的师范学校开始诞生,于是从西方引进教育学作为师范学校的一门课程。教育学在中国的传播可分为三个阶段:先学习日本、再学习美国、最后学习苏联。

✦✦第一阶段:学习日本(19世纪末至20世纪初)

日本明治维新时期掀起了全面学习西方的热潮,在教育领域,通过学习西方的教育思想和教育制度来变革自身的教育,取得了显著的成效并具有很大的借鉴价值。同时,我国与日本文化接近,便于交流。因此,我国在教育学起步时期向日本学习,主要表现为对日本的教育学著作的翻译。如在1901年、1902年的《教育世界》连载的立花铣三郎讲述、王国维译的《教育学》和牧濑五一郎著、王国维译的《教育学教科书》等。从1896—1911年共译日本教育类图书76种。有关欧美教育制度、教育学说、教育流派的文章和著作的介绍,也是主要通过日本翻译过来的。我们学习和效仿的日本教育学,实质上是日本从德国学来的赫尔巴特的教育学。当时日本许多教育学著作的框架体系基本上是参考赫尔巴特的《普通教育学》,包括赫尔巴特学派的教学形式阶段理论在内的诸多内容也被其吸收无遗。因此,这一阶段教育学在中国的传播主要是对以赫尔巴特为代表的传统教育学的学习。

❖❖第二阶段:学习美国(1919—1949年)

1919—1949年是我国教育学发展史上蔚为壮观的时期,我国教育学一改从前学习日本的做法,将学习的对象转向了美国。其中,美国教育学说中对我国影响最大的当属杜威的实用主义教育学说。五四运动前夕,杜威受邀来华讲座,一时间他的"教育即生活""学校即社会""从做中学"等主张风靡全国,为当时教育界所推崇。介绍传播杜威教育思想的学术机构、期刊、专著如雨后春笋般涌现,其代表作《民主主义与教育》也直接作为当时的教育学或教育哲学教材使用。陶行知、胡适作为杜威的学生深受其教育思想的影响,分别于1919年3月在《时报》、1914年在《新教育》上撰文介绍杜威的实用主义教育思想。下面着重介绍陶行知对杜威教育思想的继承与改

造，以此来反映这一时期美国教育思想、教育理论在中国的传播现状。

陶行知在对中国传统教育脱离生活的批判的基础上，并结合中国当时的教育现状以及其在晓庄学校开展的教学实验，对杜威的"教育即生活"进行了创造性地转换，提出了"生活教育理论"即"生活即教育""社会即学校""教学做合一"这一重大命题。陶行知的生活教育理论扩展了杜威"教育即生活"的命题，内涵上得到了丰富，价值意义上得到了升华。生活教育理论直接反映了陶行知在教育目的、教育内容以及教育方法等方面的主张，是其教育思想的核心，体现了其在探索适合中国国情和时代需要的教育理论以推动民族教育事业发展所做出的巨大努力。

❖❖ 第三阶段：学习苏联（1950—1958年）

中华人民共和国成立初期，在文化领域，我国开启了对教育学的全面改造，主要特征表现为：以马克思列宁主义、毛泽东思想为指导，全面贯彻党的教育方针，以"理论联系实际""为人民服务"为基本原则来建设新的教育学体系。

在全面学习苏联的形势下，教育界也掀起了学习苏联的热潮，具体表现在三个方面：翻译苏联的教育学著作；邀请苏联的专家在我国讲授教育学；引进、介绍苏联教育学研究的最新成果、最新进展和最新信息。对我国教育学影响最大的是凯洛夫的代表著作《教育学》一书，该书是当时我国高等师范学校普遍采用的教材或主要教学参考书。我国学者编写的教育学著作也深受凯洛夫《教育学》的影响，包括教育的本质与目的、教育与人的发展、教育与社会的发展、注重教学和德育的过程、原则及方法等。既然凯洛夫的教育学在我国教育学发展史上起到了重要作用，我们就具体了解一下他的教育思想。

凯洛夫（1893—1978）是苏联著名教育家，深受以赫尔巴特为代表的传统教育思想的影响，在系统总结20世纪二三十年代苏联的教育经验的基础上于1939年主编出版了《教育学》。认为学校的主要工作就是教学，授予学生自然、社会以及人类思维发展的深刻而普通的知识，在知识、技能、技巧方面武装学生，使学生全面发展，形成辩证唯物主义世界观、共产主义人生观及相应的行为。主张通过提高国家对教学内容的干预力度来保证教育质量，使"教学内容具体表现于教学计划、教学大纲和教科书中"。教科书的编写应以学生掌握系统科学的文化基础知识为前提，要符合学生的年龄特点和教学法的要求，充分肯定班级授课制的优越性，强调教师在教育和教学中的主导作用。凯洛夫的《教育学》于1951年被译成中

文,成为我国教育工作的指导思想,对苏联及我国的教育事业发展产生了深远的影响。但是《教育学》一书在国家行政领导与学校的关系上,在学校与教师的关系上,在教师与学生的关系上,忽视了学校、教师、学生的自主性,限制了地方和基层的教育教学及学习的灵活性、主动性和创造性。同时,过分强调了课程、教学大纲、教材的统一性,全国一盘棋,容易导致教育脱离实际,造成僵化刻板的教育现象。

➡️➡️**中国教育学的独立发展**

1958年到"文化大革命"结束这段时期,是我国教育学发展的停滞甚至是倒退期。

1978年十一届三中全会以后,教育理论界摆脱僵化教条的束缚,为教育学的重建提供了思想条件和舆论氛围,为此,教育科学研究迎来了一个空前繁荣时期。在介绍和研究国外教育学家的教育理论、教育学说,增强彼此之间在教育学方面学术交流与合作的基础上,我国教育理论界开始了以马克思列宁主义、毛泽东思想为指导,结合我国的人民教育事业的改革与发展过程中现实问题,来建立中国特色社会主义教育科学体系的努力探索,且在学科建设中,对自身的反思批判意识普遍增强。教育学不断拓宽研究视野,加强与其他学科的沟通融合,尤其是20世纪80年代中后期,教育学的分化综合成为学科建设的主流,大量二级学科包括教育哲学、教育心理学、教育社会学、教育经济学、教育政治学等相继出现,使得教育学成为涵盖大量分支学科的学科群。

深化拓展：教育学的分类及体系

教育学是从历史的、社会的、经济的、技术的以及政治的关节论述教育事实和情境的诸学科的总和。

——米亚拉雷

▶▶研究教育基本规律的普通教育学

教育学发展至今，已形成庞大的学科群。普通教育学是教育学体系中最为基本的学科。教育与人的发展、教育与社会的发展是普通教育学揭示的两大基本关系。

➡➡教育与人的发展

教育是一种有计划、有组织、有目的地培养人的社会活动。通过教育活动，促进人的发展是教育的主要功能之一。教育促进人的发展的主要作用机理为，教育的传授、熏陶、评价等功能对人的发展起到促进、导向、激励等作用。教育的对象是人，教育的过程即育人的过程。因此，教育工作者必须掌握人的发展的相关内涵，了解人的发展的相关规律，才能更好地完成育人的教育任务，提高教育质量。

❖❖人的发展的含义

人的发展是人在成长过程中各方面能力不断习得和提升的过程。在教育学领域中，人的发展主要是指人的身心发展，即个体从生命开始到生命结束的整个进程中，其本身发生的积极的、向好的变化过程。人的身心发展主要是指人的身体发展和心理发展。虽然每个个体都是千差万别的，但人的身心发展并不是杂乱无章的。相反，人的身心发展存在一定的规律性。

探究人的发展，有利于教育活动的有效实施，提高教育的质量。人的身体发展与心理发展二者相互促进，相互制约。个体的身体发展状况，尤其是脑组织的发育，制约着心理发展的水平。心理发展的健康状况也会反作用于个体的身体发展，二者之间的关系是密不可分的。

❖❖教育要遵循人的身心发展规律

教育在人的发展过程中起着至关重要的主导作用。教育就是要遵循个体的身心发展规律，主要包括顺序性、

不平衡性、阶段性、互补性、个别差异性、整体性。掌握个体的身心发展规律,对于教育活动的实施具有一定的指导作用。

美国著名心理学家格赛尔曾经做过这样一个实验,即让一对双胞胎练习爬楼梯。其中一个孩子于出生后的46周开始练习,每天练习10分钟。而另外一个孩子在出生后的53周才开始进行同样的训练。当两个孩子54周的时候,第一个孩子练习了8周,而第二个孩子练习了2周。很多人认为练习了8周的孩子的练习效果比练习了2周的孩子要好,但是结果却让人意想不到——练习了2周的孩子在10秒钟内爬上特制的五级楼梯的最高层,而练习了8周的孩子则需要20秒钟才能完成。

格赛尔对实验结果进行分析认为,在孩子46周时对其进行爬楼梯训练过早,孩子并没有做好相应的准备,因此训练效果不尽如人意。但是于53周对孩子进行爬楼梯训练,这个时候孩子的成熟度可以很快接受训练内容,因此最后取得的效果也较好。通过这个实验我们便可以知道,教育要尊重人的身心发展规律,不要违背孩子发展的"内在时间表"而揠苗助长。

普通教育学研究发现,个体发展是有一定的规律可循的。人的身心发展具有顺序性、不平衡性、阶段性、互补性、个别差异性和整体性。因此，在对个体进行教育的过程中，我们不仅需要促进智能方面的发展，而且还需要从多角度促进个体的全面发展。

❖❖ 教育要促进人的发展

英国哲学家洛克提出的"白板说"是外铄论的经典代表学说。该学说认为人出生时都是一块"白板"，人的发展均是后天习得的结果，所以教育在个体发展中能够起到不可替代的作用。美国的行为主义心理学家华生也是外铄论的典型代表人物，他认为个体发展是接受一定的刺激，产生一系列反应的结果积累。总之，教育的作用就是要促进人的发展。

首先，教育必须有清晰且明确的目的与任务。因为教育本身就是一项有目的的活动，不同层次的政治、经济状况的人的身心发展规律都要求教育必须有明确的、具有针对性的目的和培养目标，即因人而异，因材施教。其次，教育必须要有详细、周密的计划。只有这样，学校的教育、教学工作才能有计划、有组织地进行，使教育工作朝着既定的方向展开。最后，教育工作要由专门的教师进行。受过专业素质训练，具有高尚的品德修养、丰富的知识以及文化底蕴的教师懂得教育规律，他们能积极且顺畅地引导学生发挥自己的主观能动性，实现每个人的

全面发展。

➡➡教育与社会的发展

教育作为一种社会活动,与社会有着密不可分的关系。教育是社会发展和进步的条件,而反过来,教育的发展与变革不仅要以社会为基础和条件,而且要以社会提供的条件为条件。教育活动的产生和发展均依赖于其所处的社会环境,因此,教育的目标和方式等也均是以满足社会的需要为根本原则的。反之,社会的发展也会为教育的发展提供一定的条件。随着社会的发展,教育方式在不断进行变革,教育内容也在不断更新和完善。

✦✦教育发展受到社会发展的制约

教育对社会的作用主要体现在以下几个方面。第一,教育可以通过为社会发展培养高质量的专门人才,促进社会某领域的进步和发展。第二,教育可以提高社会公民的素质,促进社会风气向好发展。第三,教育可以通过其科研功能,促进技术的革新,从而促进社会生产力的提升。第四,教育可以实现文化的传承和创新,促进社会文化的发展。

社会经济发展水平对教育的制约性:在教育与经济发展的关系中,经济的发展决定着教育的发展,反之,教育的发展促进经济的发展。在制约教育的诸多社会因素中,经济对教育的制约作用是根本性的。教育的发展水平、规模、速度和结构,归根结底是由社会经济发展水平决定的。第一,社会经济水平是教育事业发展的物质基础,教育的发展需要一定的人力、物力、财力,这一切都需要社会的经济发展水平为其提供根本保障。第二,教育的发展速度和规模也受到社会经济水平的影响。从国际环境看,一个国家的经济发展水平越高,其教育发展速度越快,教育的普及程度越高。从国家层面看,教育发展的规模和速度往往随着其经济水平发展情况而变化。从高等教育方面来说,国家高等教育需要经历精英化、大众化、普及化三个阶段,但是基于每个国家的经济发展水平不同,高等教育发展的进程也有所不同。第三,教育的内容和手段也受到经济水平的制约。教育内容需要与时俱进,教育的手段也需要随着社会经济发展不断变革,这样才能使教育和社会处于动态的相互促进、共同发展当中。

政治制度对教育的制约性:政治制度是国家发展的依据,教育事业作为国家发展的一部分,其发展和变革也必然需要遵从社会政治制度。第一,政治制度对教育的制约体现在政治对教育的领导权,教育活动必然需要遵从于政治要求。回顾历朝历代,统治阶级若想获得统治权必然需要掌握教育的领导权,通过控制教育的内容和

教育的发展方式,以实现政治权力的稳固。第二,政治制度决定了教育要培养什么样的人。教育是一种培养人的社会活动,教育所要培养的人即是社会所需要的人,因此,教育需要为社会培养具有一定政治素养的管理人才,以促进社会的稳定发展。第三,政治制度决定教育的内容。教育需要向学生贯彻国家发展的战略思想,此外,具备政治素养是每个公民的基本要求,国家需要教育来实现巩固其政治的稳定发展。

文化发展对教育的制约性:文化与教育是一种相互包含、相互依存的关系。教育的发展包括文化的发展,文化的发展促进教育的发展。教育是文化发展的寄托之一,通过教育的文化选择功能、文化传递功能、文化创新功能,社会文化才能得以不断的传承和创新发展。第一,文化的内容影响着教育的内容。不同的文化传统决定了不同的教育发展方向,每个不同地区都会有不同的文化传统,因而其教育发展方向也会有所不同。第二,文化传递方式影响教育的传递方式。从曾经的口耳相告到如今多媒体技术、网络技术飞速发展下的网络传递,教育的方式也在发生相应的变革。第三,文化发展的价值取向决定教育的总体价值取向。我国的传统文化始终强调以群体发展为主,个体利益服从集体利益,因此,我国的教育更加注重教育的社会功能,并把培养统一、整齐的集体作为重要的教育目标。

❖❖ **教育发展对社会进步具有积极的反作用**

社会对教育的作用主要体现在三个方面。第一,社会需求是制订教育目标和教育内容的依据,为教育活动提供发展方向。第二,社会为教育活动提供教育资源,促进教育活动的开展。第三,社会为教育活动提供教育方式、方法,促进教育技术的革新。

教育对经济的作用:教育受到经济水平制约,同时也对经济发展具有一定的反作用。主要体现在:第一,教育能够促进科技发展,从而提高社会生产力,促进社会经济的发展。第二,教育能够为社会提供劳动力,并提升劳动力的受教育程度,从而更好地促进社会的发展。第三,教育通过其自身发展,能够直接影响经济的发展。

教育对政治的作用:政治制度具有对教育的领导权,相反,教育对政治也具有一定的反作用。第一,教育能够为政治发展提供一定的专门人才,以促进社会政治的稳步发展。尤其是高等教育领域,担负着培养国家管理人才的重要任务。第二,教育能够提升国民素质,尤其是提高公民的政治素养。通常来说,一个国家的教育越发达,该国家越容易实现政治上的稳定和繁荣。第三,教育可以形成积极的社会舆论,促进社会更好发展。

教育对文化的作用：教育对文化的功能主要包括文化的传递功能、文化的选择功能以及文化的创新功能。主要体现在，教育能够对传统文化进行一定的选择，通过选择作用，适应时代发展的文化得以传承，而糟粕文化则需要被剔除，此外，文化的发展不能一味地追求创新，而是要在保留优秀的传统文化基础上，在传承中不断进行创新和发展。

▶▶研究不同年龄的分阶段教育学

按照不同年龄来分阶段进行的教育学有很多类别，这里主要以"学前教育学"和"高等教育学"为例来说明。

➡➡学前教育学

学前教育是一种教育活动，其教育对象为学龄前儿童（即从出生到入小学前的儿童）。根据我国教育制度的相关规定，儿童在6周岁以后才能进入小学学习。因此，学前教育一般是指对出生后到6岁前儿童的教育，具体可分为两个阶段，即早期教育（0~3岁）和幼儿教育（3~6岁）。

学前教育有广义的学前教育和狭义的学前教育之分。广义的学前教育是指凡是能够影响从出生到6岁儿童身体成长和认知、情感、性格等方面发展的有目的的活动,如儿童在成人的指导下看书、做家务、参加社会活动等,都可以称之为学前教育。狭义的学前教育仅指幼儿园和其他专门开设的学前教育机构的教育。我国《幼儿园工作规程》中明确指出:"幼儿园是对3周岁以上学龄前幼儿实施保育和教育的机构。幼儿园教育是基础教育的重要组成部分,是学校教育制度的基础阶段。"

❖❖ 学前教育学的主要研究内容

学前教育学的主要研究内容包括学前儿童发展观、学前教师的角色、学前教育活动和学前教育评价等内容。

学前儿童发展观:学前教育要以科学的儿童发展观为基础。学前儿童发展是指学前儿童在成长过程中生理和心理有规律地进行量变与质变的过程,生理发展是指学前儿童机体的生长和发育,主要包括形态的增长和功能的成熟。心理发展以生理发展为基础和前提。心理的发展是指婴幼儿知、情、意以及个性的发展。学前儿童身心发展至关重要,贯穿整个成长过程,与成长的方方面面都密不可分。学前儿童的年龄与他们身心发展之间的相互影响成反比。儿童观是人们对儿童的看法和态度,儿童发展观主要包括两个问题:一是儿童在人类社会中应享有的地位与权利;二是儿童期的意义、特点,以及儿童成长发展的形式与原因等。教育的对象是儿

童，人们对儿童不同的看法和态度影响着教育目标的制订以及教育过程的实施。儿童发展观的形成和变革不仅反映人们知识水平的变化，还能反映出某一时期的社会经济、政治、科技、文化等情况。人们对教育要素的认识，以及教育行为均受人们对儿童不同的态度和看法的影响。因此，儿童发展观在学前教育中占据着举足轻重的地位。

学前教师的角色：学前教师与一般教师具有一些相同的角色特征，但由于教育活动对象的差异性，学前教师又充当着多重角色。学前教师的教育活动组织与实施更加复杂，活动更加具有情境性。

学前教育学研究发现，在学前儿童的发展过程中学前教师起到尤为重要的作用。体现在，第一，"学前教师是儿童发展中的重要他人，对儿童发展具有不可替代的影响"。这里的重要他人是指对儿童身心发展能够产生深远影响的群体，例如伙伴、家长、老师等。孩子进入学前期之后，每天接触最多的就是教师，而教师的一言一行都会深深地影响孩子们的成长与发展，与此同时，孩子们也会在这个过程中下意识地模仿教师。第二，学前教师是学前儿童学习生活的照顾者，是班级的管理者。学前儿童年纪尚小，几乎没有自理能力，在家庭中，会有父母及其他家庭成员悉心照料。进入幼儿园之后,学前教师自然而然地担负起了照顾他们的责任,甚至可以说将孩子们视为己出,使他们身心健康,快乐成长。第三,学前教师是学前儿童学习的组织者和引导者。学前教师要积极引导孩子开展有秩序、有目的、有计划的学习,这就需要为孩子们营造一个安全、舒适、温暖、和谐的教育环境,这样的环境不仅能够激发儿童的创造力,同时又可以循序渐进地激励儿童开始社会交往,同时又给儿童提供了一定程度上的指导、支持和帮助,增强了儿童的自信心,使儿童在各种活动中都能够获得成就感与动力。第四,学前教师是将儿童与社会相连接的桥梁。除了家庭,幼儿园是儿童最早接触的社会环境,优秀的幼儿教师是儿童初步踏入社会生活的指明灯。幼儿教师通过组织教育活动,使儿童能够初步有机会接触社会,为儿童日后成熟走向社会奠定坚实基础。因此,提高学前教育中教师的素质,是学前教育中一项非常重要的任务。

学前教育活动:学前教育活动与学生正式入学后的教育活动不同。活动是儿童生长发育、逐渐成熟的媒介,活动与成长是发展过程中的两个并行不悖的方面,儿童只有通过活动感受世界,进而获得发展。顾名思义,学前教育活动是儿童接受教育的主要形式,也是学前教育整个体系的形式依托,学前教育活动必然要以儿童为主体,

通过教师的积极引导,促进学前儿童全方位、多领域的和谐健康发展。从广义上讲,学前教育活动包括了一切具有教育因素的各种活动,即生活活动、游戏活动、教学活动和其他类型活动。学前教育活动具有主体性、整体性、生活性、游戏性、动态性。一般来说,可以从两个角度对学前教育活动加以分类:一是按师幼行为特点划分,可分为游戏活动、教学活动、生活活动、区域活动、参观活动等;二是从组织方式划分,可分为集体活动、小组活动、个别活动等。这几种活动形式时常交叉出现。

学前教育评价:学前教育评价是对学前教育执行、实施成果的检验,也是促进学前教育不断向前发展的动力。因此,研究学前教育的评价具有一定的意义。学前教育评价有利于促进学前儿童的发展,有利于提高学前教师队伍的素质,有利于加强对幼儿园的管理。

❖❖❖学前教育学研究的意义

早期所受到的教育的影响可以持续一生。学前教育的意义主要体现在两个方面。一是个人意义。一个人在其儿童时期所经历的事件往往可以影响其一生对于此事的看法。研究表明,如果儿童成长于一个冷漠或充满暴力的环境下,其性格中往往会带有强烈的自卑感或易于暴躁;而如果一个儿童从小在一个温馨的环境下长大,他通常可以养成较多的好习惯。因此,接受良好的学前教育往往能够奠定一个人未来的发展方向,这才是真正的"让孩子赢在起跑线上"。二是社会意义。学前教育,作为国民教育系统中一个单独的教育阶段,通过社会多方面的配合与努力而不断地发展,它能极大地完善国民教育体系,实现教育的均衡协调发展。

除此之外,学前教育还通过对资源,例如对师资力量的合理配置,以及物质条件上的支持等,为每一位儿童提供充分发展与健康成长的机会,并对其中处于劣势的儿童实行人性化的补偿教育,尽可能减少不利环境在日后可能带给他们的个人问题甚至社会问题。

➡➡高等教育学

高等教育是分阶段教育的重要组成部分,高等教育的受教育对象大多为18周岁以上的适龄青年。高等教育学是一门以高等教育活动为研究对象,以揭示高等专业教育的特殊规律,论述培养专门人才的理论与方法为研究任务的新学科。高等教育学是教育科学的一个分支学科,它在一般教育理论的基础上,专门研究高等教育所特有的矛盾,揭示高等教育发展的客观规律。

✦✦高等教育学的学科形成

高等教育的产生与发展是历史的产物。首先,从全

世界来看,近代高等教育起源于中世纪大学。由于中世纪大学的开放性、文艺复兴带来的天文学和地理学的革命以及一些发达国家的殖民化活动,世界各地都出现了中世纪大学。从17世纪爆发资产阶级革命开始,各国的高等教育均进行了一定的变革和发展,最终形成了各具特色的高等教育体系。第二次世界大战以后,各国为了快速恢复经济,同时迎接科技革命的挑战,纷纷开始对高等教育进一步推进,高等教育在这一时期得到了显著发展。这一时期,各国的高等教育发展呈现几个共同趋势,即将高等教育发展摆到国家安全和社会发展的重要地位之上;高等教育的体制不再单一,而是呈现出多元化特点;对于高等教育的发展,不再单单地强调数量的增多,而是开始注重质量的稳步发展;不再只是注重物质文明建设,而是开始将精神文明建设提上日程。其次,从我国来看,关于早期高等教育的雏形,张之洞、梁启超等人均有一定的主张和看法,但始终未形成一定的体系。直到1978年,潘懋元先生呼吁建立一门以研究高等专业教育为对象的高等教育学,并在厦门大学建立了我国第一个高等教育机构。随后北京大学、清华大学、前华中工学院也相继成立了专门的高等教育研究机构。这标志着高等教育在我国成为一个专门的研究领域,从而开始了由非制度化向制度化的转变。

❖❖ 高等教育学的主要研究内容

高等教育的目的：高等教育学首先应当回答"培养什么样的人"的问题。我国高等教育的目的是为社会主义事业的建设和发展培养具有创新精神和实践能力的德智体美劳全面发展的高级专门人才。我国高等教育的价值取向是人文教育与科学教育并重。

· 培养高级专门人才。

· 培养为社会主义服务，为人民服务的高级专门人才。高等教育在培养专业人才的同时也要注重培养学生独立的人格、正确的价值观、世界观以及人生观，同时引导他们树立正确的政治立场，坚定不移地跟随国家的各项发展战略。

· 培养具有创新精神和实践能力的高级专门人才。创新精神和实践能力是现代社会发展中最重要的核心能力。抓住了创新，我们就抓住了走在时代前列的机会。而创新和实践却又正是我国现行教育培养制度下所缺少的。因此，高校在培养具有创新精神和实践能力的高级专门人才的过程中，在方法和途径上应走教育与生产劳动和社会实践相结合的道路，这既是教育方针的要求，又是时代的要求。

- 培养德智体美劳全面发展的社会主义建设者和接班人。

高等学校的教育制度与结构：高等学校的教育制度主要包括高等教育的学制、高等学校的学位制度、高等学校的招生制度等。学制是指一个国家的各级各类学校的系统，它包括：有哪些种类的学校，这些学校由谁来主办和管理，学校的性质和任务是什么，实际的入学条件、修业年限以及各级各类学校的关系如何等。学位制度主要需要研究我国学位的分级和标准、我国学位的申请和授予以及学位制度的发展和改革方向等。招生制度主要包括统一考试、大学单独组织入学考试、直接从中学招生三种方式。

高等教育结构是指高等教育系统内部的各组成部分的相互关系及组合方式，是一个多层次、多维度的复杂系统。首先，作为组成部分的各要素，既可以是组织机构，又可以是学科门类、专业、课程，还可以是人或教育的形式，这就使得高等教育的结构具有多样的类型。其次，各要素之间的联系和组合方式，也是多样的。从目前来看，宏观高等教育结构主要包括高等教育的层次结构、科类结构、能级结构、布局结构等；微观高等教育结构主要包括高等学校的管理结构、权力结构以及组织结构等。

高等学校的教师和学生：高等教育作为培养高级专门人才的社会实践活动，是以人的集合为主要构成要素的社会系统。在这个社会系统中，教师和学生自然而然就是其中最基本、最不可或缺的活动要素，他们就是高等学校活动的中心、主体。

高等学校的教师是高等学校的教育者。按照《中华人民共和国教育法》的定义，教师是履行教育教学职责的专业人员，承担教书育人、培养社会主义建设者和接班人、提高民族素质的使命。大学教师的任务主要包括：培养高级专门人才、进行科学研究以及为社会服务。大学教师的工作相比于普通教师，也具有一定的特点。第一，高校教师工作具有高度复杂性。这主要体现在，大学教师面对的学生主体是具有生活经验的成人，每个学生的生活背景和经历不同，因此其面对的学生群体是一个十分复杂的群体。大学教师的任务也不再是单一的教书育人，而是需要从事科学研究、服务社会等多种工作。第二，高校教师的工作具有创造性。由于高等教育中主要进行的是高深学问的教授，这要求教师必须在教学的过程中富有一定的创造性和创新性。第三，高校教师的工作具有长效性。由于学生的成长需要一定的过程，教育效果的出现具有一定的延时性，尤其是对于高校教师来说其工作效果的展现更是需要一定的时间积累。第四，

高校教师工作具有独立性和协作性。高校中不要求教师的坐班制,并且高校的教学、科研等工作相对来说都具有一定的独立性。但对于教师来说,为了更好地进行科研等相关工作的开展,又要求高校教师之间进行一定的合作交流。

高等学校的学生也有其特殊性,主要体现在生理、心理以及思想行为上。首先,在生理上主要体现在身体发育已经相对完善,接近成人水平,进入相对稳定期。其次,在心理上,大学生的思维素质日趋完善、自我意识日趋强烈、情感发展表现起伏多变、个性特征明显增强。在思想行为上,大学生政治上趋于成熟、理性,关心国内外大事;思想较为活跃,求新意识较强,善于通过多种方式,尤其是通过网络获取新信息;人生观、价值观主流健康,求知成才愿望强烈;积极支持和拥护高等学校扩招和教育教学改革,也对高等学校的办学质量、教学条件、生活环境提出了更高的要求。

高等学校的教学过程:高等学校的教学过程是一个由多种因素构成的有机整体,主要由教师、学生、教学内容、教学方法和教学管理五种因素构成。教师通过充分利用教学条件,并依据学生的身心发展规律和个别差异,充分调动学生学习的积极性和主动性,从而使教学达到最佳的效果。因此,在教学过程中教师处于主导地位;而学生作为教学活动的主体,教育过程要求学生具备一定的能动性参与以达到更好的教学效果;教学内容是教学过程得以展开的主要载体,是教师的教和学生的学的基本依据;教学手段和教学管理同样作为教学过程中的重要因素,能够影响教学过程,为提高教学效果提供重要保证。因而,在高等学校的教学过程的构成因素中教师和学生是教学过程中的主体要素,教学内容是教学过程中的客体要素,而教学过程中的教学方法和教学管理活动则是教学过程中的媒体要素。教师通过对教学内容的传授,学生通过对教学内容的学习,借助教学方法和教学管理这一中间要素,通过双方的共同活动,从而达到教学目标,完成教学任务。

高等学校的科学研究:高等学校进行科学研究是高等教育的重要职能之一。高等学校的科学研究为经济建设服务,承担国家的重大科研课题、关键项目的任务。国家各级各类科技发展规划的设计、研制工作大多由各类高等学校来完成、创新以及突破。各类高等学校与国家科学研究体系进行明确的任务划分并协同合作,共同承担国家重大科学技术问题的研究,经常攻克关键项目的重大课题,是研究领域中的重要支柱。高等学校的科学研究还可以解决经济社会发展中的重大理论和政策

问题。高等学校应踊跃参与国家组织的各类各项科研工作，并自觉参与主要研究任务。此外，高等学校通过积极参加各项科研活动，了解国家前沿研究动态与科技发展状况，充分发挥高等学校服务功能，从而促进社会保质保量快速发展与高等教育人才建设、科研建设有机结合，加速各类决策科学化、民主化进程。

高等学校有从事基础研究的优势并积累了丰富的经验，应重点解决未来经济社会发展中的基础理论和技术问题，创立新技术和方法，注重发展新型带头学科交叉学科和应用基础学科，支持自然学科和社会学科的健康发展。高校要积极响应国家政策与号召，积极优化资源配置，避免出现种种因资源问题而产生的矛盾与分歧，进而影响教育的发展以及经济社会的向前推进。

高等学校的社会服务：社会服务是高等教育的又一重要职能。高等学校的社会服务是教育环节中至关重要的一项，依托学校办学理念以及教师、学生自身的政治素养、坚定立场、科技知识等，为社会发展尽一份绵薄之力。高等学校在文化传播、自身发展和社会实际需求的多重驱动下，结合自身现有条件以及人力资源配备，不断地向社会传达新思想，表现新作为，引领新时代。因此，有学者将高等学校称为知识中心与动力站。科学实践与人才养成是高等学校实现其社会服务的根基与保障,二者相辅相成、不可分割,没有人才与科技的蓬勃发展,高等学校社会服务的职能与任务就不可能实现,同时,必须承认的是,高等学校社会服务已成为高校最具活力与社会意义的职能。

▶▶研究不同课程领域的分科教育学

➡➡课程与教学论

作为教育内容及其传授的课程理论和教学理论,在教育体系中占据着重要地位。广义的课程,《辞海》中指为实现各级各类学校的培养目标而确定的教学内容的范围、结构和进程安排。对于教学,尽管各家理论定义方式有所不同,但是均含有相同的部分,第一,教学是一种人类社会特有的现象;第二,教与学是相互依赖的;第三,教与学是统一的;第四,教与学是师生间交互活动过程。课程与教学是相互伴随而存在的。课程既是教学活动的内容,又是检测教学质量和效果高低的标准;教学是课程的实施过程,是课程开展和实施的途径和活动方式。

课程是随着人类教育实践内容的发展变化的,而相对来说,教学就没有太多的变化。古代的教育与生产并

没有分离,课程与教学也是合一的。此后,随着学校的出现以及技术的发展,教学方式开始逐渐变得复杂起来。虽然课程的内容越来越复杂,但是课程始终未脱离教学独立存在。

❖❖课程与教学在教育活动中的地位

学校教育中,最重要的一环便是课程与教学论,主要包括教育者教的过程和受教育者学的过程。学校系统及其教育活动的运行如图1所示。

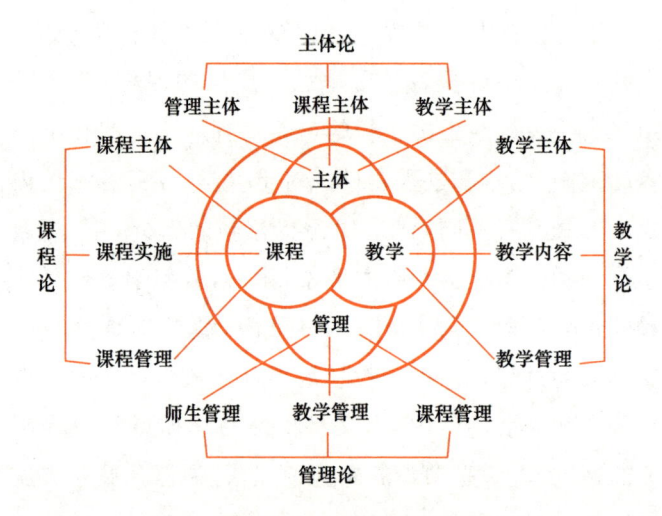

图1　学校系统及其教育活动的运行

图1表明,课程与教学是教育活动过程中联系密切却又相互分离的两个方面。课程与教学之间的关系密不

可分。课程是教学的内容,教学是课程的实施方式。在教育活动中,二者的重要性大致相同,均具有不可替代的价值。

❖❖ 课程与教学论的主要研究内容

"课程"既是教学活动的内容,又是督促、考核、检测教学活动过程及其结果的标准。在教育教学活动中,这个标准既是教学内容的要求,又是检测教学活动过程质量好坏的评价尺度。随着教学与课程逐渐相互分离,人们开始意识到课程改革必然导致教学改革,单单注重某一方面的不平衡发展必然会导致严重后果。随着课程改革的推进,教育研究者渐渐意识到:课程改革与教学改革息息相关,课程改革必然伴随着教学改革。因此,课程与教学的整合也将是未来教育研究的大方向。但必须注意,整合并不是融合,"和而不同",应当成为未来课程与教学关系的基本走向。

课程与教学理论主要围绕课程和教学两个方面进行研究。主要研究内容为:课程目标与教学目标,课程设计与教学设计,课程资源与教学内容,课程实施与教学过程,课程评价与教学评价,课程管理与教学管理等。课程与教学理论,从内容上来讲主要包括德育、智育、体育、美育等类别。德育、智育、体育、美育等共同

构成了课程与教学的核心目标,也成为教育学培养人的实质载体。

➡➡ 德育

德育即品德教育的简称,是指整体教育中对人德行予以影响和教化的概念,它是以人生活的意义及规范的内在建构和外在体现为根本旨要,从多方面对人品德给予培养的各种教育活动的总称。德育具有狭义和广义之分,狭义的德育仅指道德教育,广义的德育,除道德教育外,还包括涉及人们成长生活的其他品德内容,如思想教育、政治教育、法制教育、生命教育等。

❖❖ 德育的地位

德育是全面发展教育的有机组成之一,与其他组成部分相同,德育也有其自身的特点。品德是个性素质结构的重要要素,在个性素质结构中起着价值定向的作用。德育体现出了教育的社会性,它与智育、体育、美育共同实现学生个性素质的全面而自由的发展,它们既各有特点,对学生个性素质的发展又各有价值,且在教育实践和学生的实际发展中相互联系,相互渗透,相互转化。只有在德智体美劳全面、和谐、自由发展的人,才最具创造力,最能为社会发展做出有效贡献,最能实现个人的人生价值与人生理想。

德育的功能就是培育学生的品德,即能满足学生的道德需要,启发学生的道德觉醒,规范学生的道德实践,引导学生的道德成长,培养学生的健全人格,提升学生的人生价值与社会理想。对于青少年及其一生的发展来说,德育的作用极其重要。学校德育的功能,从个人层面来说,可以培育其德行,促进其全面发展。从社会层面来说,可以通过育人来促进社会的和谐稳定发展。

❖❖德育的内容

在当代社会,尽管历史与文化的不同导致了世界各国德育内容的千差万别,但是德育内容在发展的趋势上仍然有一些共同之处:基本道德品质的教育、国民公德教育、社会公德教育、家庭美德教育。

❖❖德育的实施

德育的实施包括德育过程和德育原则两个重要方面。

从本质上来看,德育过程主要包括三个方面:第一,德育过程是教师引导下学生能动的道德活动过程。第二,德育过程是培养学生知、情、意、行的过程。第三,德育过程是提高学生自我教育能力的过程。

德育原则是教师对学生进行德育应该遵循的基本要

求。它以个体品德发展规律和社会发展要求为依据,概括了德育实践的宝贵经验,反映了德育过程的规律性。在实际教育过程中,德育要注重以下原则:理论和生活相结合原则、疏导原则、长善救失原则、严格要求与尊重学生相结合原则、因材施教原则、在集体中教育原则、教育影响一致性和连贯性原则等。

➡➡智育

智育是指向学生传授系统科学文化知识以及培养和发展学生智力才能与非智力因素的教育活动。通常,人们会将智育与教学混为一谈,认为教学即智育。但实际上,智育是全面教育的重要组成之一,它与德育、体育、美育和劳动技术教育共同构成全面教育的完整内涵。

✦✦智育的地位

智育的功能不仅仅在于传递知识、创新知识,智育还能够充分改变人的心智模式,促进智力的发展。智育对于开发智力、提升学习能力有至关重要的作用。作为全面教育的组成部分之一,智育通过传授科学文化知识、提升学生的学习能力、充分开发学生智力的同时,也为其他各教育的顺利实施提供基础条件,促进学生成长发展为具有真才学识的人才。其他各教育中的知识因素,都需要靠智育去形成和发展。因此,要想使新时代的青年成为全面发展的有为青年,就必须依靠智育的力量。

❖❖❖智育的内容

智育的内容由智育的目标决定的。智育内容主要包括课程标准规定的基本知识和技能以及在教师指导下的其他智力活动的内容。具体包括语文课程,数学课程,物理、化学、生物、地理等科学课程,思想品德、历史等社会课程。通过这些课程,培养学生的语言、文字、文学知识的学习;建立数的概念、空间概念以及逻辑推演与计算的能力;严密的思维培养、创造性思维、动手能力;以及道德推理与判断能力、历史事件及其原因的推理、思辨能力等。同时,还要注重通过一些隐性课程来实施智育活动,培养人的智力。

❖❖❖智育的实施

智育活动的实施主要包括三个方面。第一,智育活动首先要系统地向学生传授科学文化知识。知识是人类对客观世界的事实和规律的认识,是对事物属性和联系的反映。知识是人类在改造自然和社会的长期实践中积累起来的认识成果,也是人们继续认识和改造世界的精神武器。第二,智育活动要培养学生掌握一些基本技能。即在智育过程中让学生掌握从事智力活动和体力活动的常用方式方法,如学习技能、人际交往技能、实践技能、科

研技能等。可以说,技能的掌握是以知识的积累为基础和前提的,反之,技能的掌握又能促进学生进一步掌握更丰富的科学文化知识。第三,智育活动能充分发展学生的智力。发展智力是目前各国教育中普遍重视的大问题。在发展智力的过程中,也应当注意把握好知识、技能、智力三者之间的关系。掌握知识和技能能够促进智力的发展。反之,智力的发展也能促进知识和技能的吸收和掌握。

➡➡体育

广义的体育,指身体文化、身体教育和身体锻炼三个方面。体育在全面发展教育的过程中,承担着不可或缺的角色,这其中也包括生理卫生保健。学校体育在教育领域里,负责增强学生的体质,并与德智美劳相互配合,促进学生全面发展。

✥✥学校体育的目标

学校体育的目标包括观念目标、体质目标、习惯目标、特长目标等。使学生形成正确的体育观念、增强学生的体质、培养学生自我锻炼的能力与习惯、发展学生的体育专长。

✤✤学校体育的内容

学校体育的任务和学生的年龄特征决定了学校体育的内容。通常有几个大的类别：田径运动、体操、球类、游戏、军事体育活动、游泳、武术。除上述各项外，还包括日光、空气、水等自然条件的锻炼。并可因地制宜地开展爬山、滑冰、滑雪等多样性活动。

✤✤学校体育的实施

尽管体育过程是学校教育的一个特殊过程，但其和其他活动一样具有一定的规律性。这种规律性主要体现在两个方面，即体育过程按照时间顺序展开的纵向规律性和体育过程诸要素相互联系的横向规律性。

体育过程的纵向规律性：按照学生的年龄特点，尤其是学生身心发展的顺序性规律，可将学校体育划分为不同的阶段。

体育过程的横向规律性：横向规律性是分析体育过程的各要素之间的关系，从而揭示其中的必然联系。

➡➡美育

美育，又称审美教育或美感教育，是培养学生正确的审美观以及感受美、鉴赏美和创造美能力的教育。在春秋战国时期，孔子就提出了以仁学为基础的美学思想和

美善结合的美育思想，认为"兴于诗，立于礼，成于乐"。"六艺"中的"礼"和"乐"都含有丰富的美育内容。古希腊的柏拉图和亚里士多德也都认为音乐有净化心灵的作用，弦琴学校中的缪斯教育也包含了美育的内容。但此前对于美学的研究并没有形成完整体系，直到18世纪后美学才真正系统地得到研究。1750年，德国哲学家鲍姆嘉通出版了《美学》一书，标志着美学作为一门独立的学科确立。1793年，德国浪漫主义诗人席勒出版了《美育书简》一书，第一次使用了"美育"的概念。1911年，我国著名教育家蔡元培在《对于教育方针之意见》中首次把美育作为全面教育的一个重要组成部分。

美育作为学生全面教育的重要组成部分之一，存在于全面教育的各个方面。美育能促进扩大和加深学生对客观现实的认识，影响学生思想，促进学生智力发展；还能促进学生形成并巩固优良的道德品质。在体育方面，美育能使学生确立良好的理想体态模型，激发学生对体育产生兴趣。此外，美育还能激励学生通过自己的劳动创造美的事物，促进劳动技术教育的发展。总之，实施美育可以将自己塑造成优良品格、文明行为、丰富知识和健美体魄融于一体的人。

✥✥ 美育的目标

学校美育的基本任务是以马克思主义美学原理为基础,根据教育目标和受教育者的身心特点,培养学生正确的审美观,形成感受美、鉴赏美和创造美的能力。具体任务包括如下三个方面:

• 培养学生正确的审美观,使他们具有感受美、理解美和鉴赏美的知识与能力。苏霍姆林斯基说:"感知和领会美,这是审美教育的基础和关键,是审美素养的核心,舍此,情感对任何美的事物都会无动于衷。"

• 培养学生艺术活动的技能和兴趣,发展艺术创作能力。

• 培养学生高尚的情操和文明的行为习惯。苏霍姆林斯基说:"美育最重要的任务是教会孩子能从周围世界(大自然、艺术、人际关系)的美中看到精神的高尚、善良、真挚,并以此为基础确立自身的美。"美能显真,美能扬善。

✥✥ 美育的内容

世界上并不缺少美,缺少的是发现美的眼睛,只要我们善于发现,美就时刻伴随在我们身边。对学校美育来说,其内容主要包括四个方面:自然美、社会美、艺术美和

科学美。

自然美：自然美是以大自然作为审美对象所感受和体验到的美。

社会美：社会美是以社会生活中美好的人和事为对象所感受和体验到的美。

艺术美：艺术美是以艺术家创造的典型化、集中化的艺术作品为对象所感受和体验到的美。

科学美：科学美是以人类的科研活动为对象所感受到的美。

✤✤美育的实施

美育的实施主要包括美育过程、美育原则、美育途径和方法。

美育过程：美育过程是教师依据人的审美心理规律，引导学生通过审美活动，形成和发展感受美、鉴赏美、创造美的能力的过程；是运用人类的审美经验和美的规律，影响学生的感官和心理，培养审美意识、发展审美能力的过程。

美育原则：美育原则是实施美育过程中所必须要遵守的原则，主要是根据人的美感的发展规律制定的。美育原则是对美育的特性和规律的最集中概括和总结，对美育的实施具有指导作用。

美育途径和方法：实施美育的方式是自由且多种多样的，既可以通过课堂教育，又可以采用各种丰富多彩的实践活动来进行。

▶▶教育学与其他学科的交叉

➡➡教育经济学

教育经济学是教育学与经济学的交叉学科。教育的发展需要经济的支撑，教育也能促进经济的增长。长期的教育与经济的实践表明，教育对经济的作用为可以提高劳动者素质，提高劳动生产率，促进经济增长；教育可以引导和促进消费。经济发展对教育的影响表现为能够改变教育的方式，促进了教育的普及化进程，影响教育的规模和速度，导致教学内容的更新，改进教学手段和方法等。

✢✢教育经济学的创立

教育经济学创立于20世纪。苏联著名经济学家斯特鲁米林发表的《国民教育的经济意义》被认为是世界上第一篇教育经济学论文，但真正标志着教育经济学的正式诞生的是韦锥出版的《教育经济学》一书。1963年，以

教育经济学为主题的国际学术会议首次举办，使教育经济学被学术界认可和接纳，正式成为独立的部门经济学。从此，教育经济学进入繁荣发展的黄金时期，并于这一时期产生了大量的研究成果和学术流派，对世界许多国家的教育决策和教育发展实践起着不可忽视的作用。20世纪70年代以后，教育经济学的论文和著作显著增多，国际教育经济学研究由高潮转入平稳发展时期。20世纪80年代以来，西方教育经济学虽然未出现新的理论，但随着新问题的出现，研究方法不断推陈出新。20世纪90年代以来，西方教育经济学的研究得到了更深层次的发展，尤其对于教育和以信息为基础的世界经济、信息技术对教育产生的影响、教育成本等问题给予了更多的重视，教育经济学得到了长足的发展。

❖❖❖**教育经济学的研究内容**

教育经济学运用了经济学的视角和理论分析了教育现象。教育经济学的研究内容主要包括教育经济理论基础、教育成本、教育收益。

教育经济理论基础：主要包括生产劳动和非生产劳动理论、社会再生产理论、劳动价值学说和按劳分配原则。

教育成本：教育经济学中的教育成本概念是从经济学移植过来的。当20世纪60年代初人力资本理论形成之后，西方教育经济学者便尝试将经济学中的成本范畴应用到教育学领域。教育经济学界对教育成本的本质内涵有着基本的共识，即教育成本是指培养学生所耗费的社会劳动，包括物化劳动和活劳动。其货币表现为培养学生由社会和受教育者个人及其家庭直接和间接支付的全部费用。

教育收益：教育这一实践活动给受教育者个人以及其他社会成员乃至整个社会所带来的种种有益的效果。

➡➡**教育管理学**

教育管理学是以教育管理现象为研究对象的一门社会科学。教育管理学有广义和狭义之分。广义的教育管理学以整个国家教育系统的管理作为自己研究的对象。狭义的教育管理学以一定类型的学校组织作为自己研究的对象。

✣✣**教育管理学的学科发展**

西方教育管理学研究主要从两个方向出发。一个方向是研究教育管理从行政学、法学的角度出发，另一个方向是从经营管理的角度去研究教育管理问题。西方的教育管理学理论于20世纪初开始传入我国。改革开放以后，教育管理开始重新被重视。20世纪80年代中期，我

国教育管理研究队伍逐渐形成,各级教育管理研究会及所属的专业委员会相继成立,并进行了一系列的学术研讨活动。主要通过大量翻译西方当代管理理论和教育管理理论,出版大量教育管理学著作和教材,最终初步构建了我国教育管理学学科体系。

❖❖ **教育管理学的主要内容**

教育管理原理:教育管理原理主要有人本原理、系统原理、效益原理、动态原理。运用这些原理对教育现象展开分析,为教育管理决策提供参考。

教师管理和学生管理:教师管理是学校对教师教学、科研活动进行组织协调、安排、控制的总称,它是学校教务管理人员在党的教育方针的指导下,按照一定的标准,运用多种手段,有目的、有计划、有组织地对教师教学、科研活动进行管理,从而将学生培养成为现代化建设的合格人才的过程。学生管理也是学校管理的重要组成部分,学生管理工作的好坏直接决定学生素质的高低。把学生管理作为一门学科来研究,探讨学生管理活动的内在本质和规律,能够推动学校教育及管理工作的科学化、理论化、规范化。

教学管理:教学管理是指管理者通过一定的管理手

段，使教学活动达到学校既定的人才培养目标的过程。教学管理是正常教学秩序的保证，包括教学计划管理、教学运行管理、教学质量管理与评价，以及学科、专业、课程、教材、实验室、实践教学基地、学风、教学队伍、教学管理制度等教学基本建设管理，还包括教学研究与教学改革管理。

教育经费管理：教育在国家发展中具有基础性、先导性与全局性的特点，教育发展的规模与速度同教育资金的投入与分配是否科学有直接关联。所以，要优先发展教育，就要增加教育投入，科学管理教育财务工作，使教育资金真正成为启动和促进教育发展的动力，从而更好地为促进人的发展服务。教育经费管理过程是指教育经费管理的诸环节。一般来说，教育经费管理要经过预算、会计、决算、审计四个环节。

➡➡**教育技术学**

教育技术是指建立在利用多媒体和电子通信技术、互联网、卫星广播电视、人工智能、模拟虚拟现实、多媒体和电子通信技术等之上的一种手段。按照美国教育传播与技术协会定义，教学技术是为了学习对有关的过程和资源进行设计、开发、利用、管理和评价的理论与实践。教育技术学科的主要任务是以现代教育理论和先进的技

术手段和方法为指导,分析教学中存在的问题,实施、评价和改进解决问题的策略和方法,以促进学生的良好发展,实现教育教学的最优化。

❖❖❖教育技术学学科发展

教育史学家认为,教育史上曾经有过三次革命,而目前世界正在进行第四次革命,本次革命以教育技术为主要标志。第一次革命的结果是专业教师的出现。第二次革命衍生出了文字体系。第三次革命最为轰动,最明显的标志就是印刷术的出现。第四次革命,也就是当前我们正在进行的革命催生了现代教育媒体,不言而喻,这又使得教育方式发生了新的、突飞猛进的变化与进步。人们除了可以向专业教师和教材学习外,还可以向更多的现代教育媒体学习,结合时代发展以及方式演进,走上现代化的教育发展之路,向着全方位、高效、优质、多元化的方向发展。教育技术的产生和发展,大致经历了以下几个阶段(表3)。

表3 教育技术的发展阶段

阶段	时间	媒体介入教育教学	引入教育理论	名称
萌芽阶段	19世纪末	幻灯	夸美纽斯《大教学论》直观教学理论	直观教育

（续表）

阶段	时间	媒体介入教育教学	引入教育理论	名称
起步阶段	20世纪20年代	无声电影、播音	《学校中的视觉教育》	视觉教育 播音教育
初期发展	20世纪30—40年代	有声电影、录音、电视	戴尔"经验之塔"理论	试听教育
迅速发展	20世纪50—60年代	闭路电视、程序教学机、电子计算器	新行为主义理论、信息理论	教育传播学 教育工艺学 教育技术学
系统发展	20世纪70—80年代	微型计算机、卫星电视、激光视盘	系统论、信息论、控制论	教育传播与技术
网络发展	20世纪90年代以后	多媒体系统、计算机网络	建构主义学习理论	多媒体网络教育

❖❖ **教育技术学的主要研究内容**

教育媒体：教育媒体又称教育手段。传统的教育手段相对简单，功能单一。现代教育媒体的技术含量和科技含量日益增加，其功能也越来越重要，甚至在重塑以及改造设计课程和教学的性质和原则。传统教育媒体主要是话语、文字与教学用具，而现代教育媒体则是广泛应用于教育活动的各种信息通信技术，生成了专门的教育技术学。现代教育媒体分为硬件和软件，硬件指装备或设备物件本身，如计算机、校园网、多媒体教室及互动电子

白板等。软件指教学内容、教学软件、多媒体课件包等。

教育信息技术与教学设计：在信息化环境下进行教学设计需要遵守一些基本要求，应以建构主义作为理论基础，以"学生"为中心来进行。信息化环境下教学设计的基本步骤可以分为单元教学目标分析、教学任务与问题设计、信息资源查找与设计、教学过程设计、学生作品范例设计、评价量规设计、单元实施方案设计、评价修改八个步骤。

远距离教育与网络教育：通信是远程教育教学活动的基础。"传统课堂的通信是面对面的，而远程教育的通信是借助于一定的技术设备之上的"。以计算机技术和网络技术相结合的现代远程教育，进一步促进了中国远程教育的发展。利用 Internet 不受时间和空间的限制，学习者可以共享教育信息和学习资料，也可以将本地的教育信息和资料上传，以供其他人学习和讨论。互联网给学习者提供了主动参与操作的机会，提供了自主式、协同式和交互式的学习方式，使学习者能主动发现知识、探索知识，从而掌握知识。

➡➡ **教育文化学**

作为教育科学与文化科学高度融合的产物，教育文化学是现代科学相互交叉、相互渗透的结果。它既是教育科学的分支学科之一,又属于文化科学的门类范畴。

❖❖**教育文化学的学科发展**

教育文化学又称文化教育学,产生于20世纪20年代的德国,是西方重要的教育流派之一。其代表人物有早期的狄尔泰和后来的斯普朗格、李特、福利特纳和鲍勒诺夫。20世纪70年代以来,一批重要的教育文化著作陆续出版问世,其中影响较大的有斯宾德勒的《教育与文化过程》(1974)和金贝尔的《文化与教育过程》(1974)。他们认为教育是一个文化交流的过程,是一个学习和认识的过程,是一个分析语境关系、理解利害冲突的过程。从人类学的角度来看,从教育的不同方面(如教师、学生、影响力)来看,教育与文化的联系以及营造一个人人共享的环境是我们的新课题,同时也为教育文化学的萌生提供了条件。

❖❖**教育文化学的主要内容**

教育文化学的内容比较丰富,主要包括文化传播与教育、文化冲突与教育、文化变迁与教育、文化整合与教育的关系。教育文化学对教育培养人具有重要意义。

文化传播与教育:文化是交往的产物,交往是社会传播与互动的结果。学习文化和分析交流不可分割。而

且,在某种意义上,教育是社会活动,是文化交流的基础,带有一定的目的,教育是生存的重要因素,教育与提供给文化的机会和活力紧密相连。

文化冲突与教育:文化冲突是两种文化相互作用的结果,因此,文化发展过程中的交流并不能立即带来变化。在许多情况下,各种类型的冲突会出现,教育中会随着这些冲突而呈现出种种矛盾、对立。

文化变迁与教育:文化变迁与教育有着深刻的联系。文化变迁制约着教育内容的选择,教育内容的选择又影响着人们的行为选择,继而影响文化的传承、创新和迁移。

文化整合与教育:文化整合与文化变迁是密不可分的,有学者曾将文化整合看作文化变迁过程中的最后一个阶段。文化的发展或多或少地会受到外来文化的影响与冲击,进而发生内容和形式上的变化。同时,文化也会受到自身变革的影响,从而发生不同的变化。文化的各组成要素和各方面通常都不是完全一致、一成不变的,部分方面和特质发生了变化,进而使不尽相同的文化要素和组成部分相互适应、联结成文化有机体,实现文化的整合。

千锤百炼:教育学专业学生的培养

教育学是一门知识成本较高的学科。具体来说,学哲学的、学历史的、学社会学的、学心理学及学其他许多学科的人,从理论上和实践上讲,都可以不读教育学的书,可以不懂教育学,却不影响他成为一个哲学家、史学家、社会学家、心理学家或其他什么家。但是,一个学教育学的人,若想成为有建树的教育学家,就必须首先懂得哲学、历史、社会学、心理学等基础和前提性的知识,否则,他在教育学领域只能是一事无成。

——刘庆昌

正所谓,千锤百炼始成金。教育学专业学生的成长也是经过千锤百炼的,既需要基础理论知识的学习,又需要实践的锻炼,进而才有素质的养成与能力的提高,最终

才能成长为复合型高层次人才。一般来说,教育学专业学习者是在一所大学的教育学、科学教育、小学教育以及学前教育等具体的教育学专业,研修教育学基础、教育心理学、课程论以及教学论等课程,经过教育见习、实习以及教育研习等阶段的实践锻炼与培养,才能成为合格的教育学专业毕业生。本书通过对国内开设教育学专业的典型高校、教育学的专业设置、教育学专业学习者的知识体系等做通识性介绍,以便建立起对教育学专业的基本认知。

▶▶国内教育学学科的基本概况

在我国《普通高等学校本科专业目录(2020年版)》中,教育学既可以指一个学科门类,又可以指一个专业类,还可以指一个具体的专业名称。在没有特殊说明的情况下,本书所说的教育学主要是指教育学专业类。专业是以学科为基础的,因此为了更好地把握教育学专业类的基本情况,有必要对国内高校的教育学学科实力和开设教育学专业的典型高校做简要介绍。

➡➡国内教育学学科实力的基本情况

学科评估是教育部学位与研究生教育发展中心(简称学位中心)按照国务院学位委员会和教育部颁布的《学

位授予和人才培养学科目录》(简称学科目录)对全国具有博士或硕士学位授予权的一级学科开展整体水平的评估。学科评估能够反映一个学科的综合实力,可以作为我们考察教育学专业的一个重要参照。我们以教育部2016年的第四轮全国学科评估结果为依据,来呈现国内开设教育学学科高校的实力。

从第四轮学科评估结果可以看到,教育学学科评估结果为"A"的,除北京大学和浙江大学(这两所高校均没有教育学本科专业)之外,其余8所全部为师范院校。而且,从教育学学科的参评学校来看,其中绝大部分为师范类院校。由此也就不难理解,为什么教育学专业的培养目标主要是从事教育工作了。

➡➡国内开设教育学专业的典型高校

在我国开设教育学专业高校的类型比较多样,既有师范类院校,又有综合类院校,既有公办院校,又有民办院校,这其中综合实力较为突出的当属教育部直属6所师范类院校,即北京师范大学、华东师范大学、东北师范大学、华中师范大学、西南大学以及陕西师范大学。当然,南京师范大学、华南师范大学、湖南师范大学、首都师范大学、浙江师范大学以及上海师范大学等师范院校也具有较强的实力。

❖❖❖北京师范大学

北京师范大学的教育学专业,是我国当之无愧的综合实力最强的院校。北京师范大学的教育学专业集中在教育学部,可以说教育学部承载了北京师范大学教育学科的辉煌成就。北京师范大学是全国最早设立教育学硕士、博士学位授权点,最早设立教育学博士后流动站,最早拥有教育学一级学科博士学位授予权的高校,学科综合实力居全国领先水平。北京师范大学现拥有教育学一级学科国家重点学科,13个博士学位授权点,15个硕士学位授权点,5个本科专业,其中特殊教育学、教育技术学为教育部特色专业建设点。北京师范大学教育学的专业课程模块主要有:教育学、学前教育、特殊教育、教育技术学。

❖❖❖华东师范大学

华东师范大学教育学专业,是我国综合实力名列前茅的院校。华东师范大学教育学部的历史悠久,1980年10月,在我国著名教育家、教育学家、华东师范大学校长刘佛年教授的倡导和关心下,华东师范大学率先组建全国大学中第一所教育科学学院。三十多年来,创造了独具海派文化特色的教育传统。2014年10月,组建了华东师范大学教育学部。华东师范大学教育学部现有2个一级学科博士学位授权点——教育学、心理学；2个博士后科研流动站——教育学、心理学；2个教育部人文学科重点科学研究基地——课程与教学研究所、基础教育改革与发展研究所；4个全国重点学科——教育学原理、课程与教学、教育史、基础心理学；1个国家自然科学人才培养和科学研究基地——心理学；1个上海市教育学一级重点学科；13个二级学科博士点和硕士点，学前教育、艺术教育、特殊教育、教育康复学、公共事业管理以及教育技术学6个师范类本科专业。

✤✤东北师范大学

东北师范大学是东北地区师范院校的"龙头老大"。东北师范大学教育学部历经两个发展阶段：1951年始创的东北师范大学教育系和1994年成立的东北师范大学教育科学学院，于2012年与校内其他机构整合而成。学部拥有教育学博士后科研流动站、教育学一级学科博士学位授予权和教育博士专业学位授予权，共覆盖15个博士、硕士学位授权点（含自主设置）和教育学、学前教育（公费师范）、小学教育（公费师范）3个本科专业。其中，教育学博士后科研流动站为全国同类学科三家优秀博士后流动站之一，教育学原理为国家重点学科和国家级教学团队，小学教育为国家级特色专业和教育部"卓越教师

培养计划"试点专业,农村教育为教育部人文社科重点研究基地和吉林省重大需求协同创新中心,教育学一级学科为吉林省特色高水平学科"一流学科 A 类"和"重中之重"立项建设一级学科,在基础教育、农村教育、教师教育等学科领域具有较鲜明的优势特色。

❖❖华中师范大学

华中师范大学教育学院历史比较悠久,现有教育学、学前教育和特殊教育三个教育学本科专业,其中教育学专业被评为湖北省本科品牌专业,也是教育部、财政部批准的高等学校特色专业建设点;学前教育专业属国家卓越幼儿园教师培养计划改革项目和湖北省专业综合改革试点;特殊教育专业属湖北省荆楚卓越计划改革项目。教育学教师团队被评为国家级教学团队;公共教育学课程被评为国家级精品课程;拥有教育学一级学科博士、硕士学位授权点和教育学博士后科研流动站。

❖❖西南大学

西南大学教育学部是西南大学办学历史悠久的研究型学部,也是西南大学的重点研究型学部。学部现拥有教育学博士后科研流动站、教育学一级学科博士学位授权点,涵盖教育基本原理、课程与教学论等 12 个二级学科博士授权点(含自主设置)、14 个二级学科硕士授权点和教育学、学前教育、特殊教育、教育技术学 4 个本科专业；拥有课程与教学论国家重点学科、重庆市教育学一级学科重点学科。

❖❖ 陕西师范大学

陕西师范大学教育学院拥有教育学原理和课程与教学论博士学位授予权，教育学硕士一级学科学位授予权教育学本科专业为国家级特色专业，学院目前开设有 5 个本科专业，设有 12 个学术型硕士学位授权点，6 个教育硕士专业学位授权点，11 个学术型博士学位授权点和 1 个教育博士专业学位授权点，另有教育学一级学科博士后流动站。

▶▶ 教育学的本科专业设置

依据教育部发布的《普通高等学校本科专业目录（2020 年版）》，教育学门类包括教育学和体育学类两个专业类，教育学包括教育学、科学教育、人文教育、教育技术学、艺术教育、学前教育、小学教育、特殊教育、华文教育、教育康复学、卫生教育以及认知科学与技术 12 个可授予教育学学士学位的本科专业。其中教育技术学可授予工学或理学或教育学学士学位，艺术教育可授予艺术学或教育学学士学位，华文教育、卫生教育和认知科学与技术

是特设专业,教育康复学是国家控制布点专业。我们从培养目标、主干课程以及主要开设院校等方面(相关数据来源于阳光高考网),分别对教育学 12 个本科专业做简要介绍。需要说明的是,由于院校的地位、区域以及类型等存在不同,所以不同院校开设同样的专业,可能在培养目标和课程设置上也会存在差异,本书仅做大概的介绍,以把握教育学专业的梗概。

➡➡**教育学**

培养目标:教育学专业旨在培养具有良好的教育基本理论素养、较强教育教学研究与实践能力、熟悉中外教育发展史和国内外教育改革最新进展、具有国际视野的从事教育行政管理、中小学教育教学科研管理以及教育新闻、出版和媒体开发的高级教育学专门人才。

主干课程:教育学原理、中国教育史、外国教育史、德育原理、课程与教学论、教育哲学、普通心理学、发展心理学、教育心理学、教育研究方法、教育统计学与 SPSS 应用、教育社会学、教育文化学、教育伦理学、教育管理学、教育政策学、教育经济学、教育法学、教育人类学、比较教育学、高等教育学等。

开设院校:目前,全国有北京师范大学、中央民族大学、天津师范大学等 120 多所院校开设了教育学本科专业。

➡➡科学教育

培养目标：科学教育专业旨在培养具有现代教育理念，能适应社会经济发展和现代化建设需要，富有创新精神和国际视野，掌握科学教育及相关学科专业的基本理论、基础知识和实验技能，具备良好的科学素养，富有时代特征、探究精神和实践能力的基础教育领域的应用型专门人才。

主干课程：高等数学、无机化学、无机化学实验、有机化学、有机化学实验、普通生物学、普通生物学实验、微生物学、生物化学、生物化学实验、基础物理学、综合地理学、物理化学、教育学、心理学、现代科技概论、技术设计与制作、综合实践活动教学论、科学教学设计、科学教育学实验、教师教学技能实验、自然探索课程。

开设院校：目前，全国有河北师范大学、河北民族师范学院、忻州师范学院等 50 多所院校开设了科学教育本科专业。

➡➡人文教育

培养目标：人文教育专业旨在培养具有较高思想政

治素质、人文素质、业务素质和身心素质,掌握文、史、哲等人文学科的专业基本理论、基本知识和基本技能及相关知识,具有较强创新精神和实践能力的应用型专门人才,毕业生可从事中小学文科各类课程或综合课程的教学工作,也可从事中小学行政工作和一般社会工作。

主干课程: 马克思主义哲学、政治经济学、思想政治教育学原理、政治学、中国通史、世界通史、地理学概论、人文科学概论、人文地理学概论、伦理学、法理学、心理学、教育学、管理学原理、公共关系学、应用文写作、中学教学法等。

开设院校: 目前,全国有保定学院、石家庄学院、长春师范大学等20多所院校开设了人文教育本科专业。

➡➡**教育技术学**

培养目标: 教育技术学专业旨在培养掌握现代信息技术和系统利用各种技术与资源促进人类学习的专门人才,毕业生可在各级各类教育部门、事业单位、国家机关等从事信息技术与教育应用的设计、开发、应用、评价、管理、培训和学科教学等工作。

主干课程: 教育学、教育心理学、教学论、教育技术学、数据结构、计算机程序设计、教学系统设计、远程教育原理、课程开发、媒体理论与实践、C语言程序设计、学习科学概论、教育测量与教学评价、多媒体与网络教学资源的设计与开发、教学网站的设计与开发、多媒体课件设计与开发、网络技术与教育应用、信息技术教育研究等。

开设院校：目前，全国有北京师范大学、天津师范大学、天津外国语大学等190多所院校开设了教育技术学本科专业。

➡➡艺术教育

培养目标：艺术教育专业以培养德智体美劳全面发展，具有先进教育理念、综合艺术特长、人文素养的复合型艺术教育人才为目标，为学前教育、基础教育、特殊教育学校与机构输送从事儿童艺术教育、教学的教师。学生毕业后的去向主要是幼儿园、中小学、特殊教育学校、社会儿童艺术教育机构等，就业前景良好。

主干课程：艺术概论与鉴赏、儿童艺术教育、儿童音乐教育、儿童美术教育、特殊儿童艺术教育、儿童钢琴教育、儿童舞蹈教育、艺术教育研究方法与论文指导、合唱、合唱指挥、中外音乐简史、世界音乐、中外美术简史、儿童画创作、校园环境设计、教学玩具制作、新媒体艺术实践、儿童舞蹈创编、戏剧表演基础等。

开设院校：目前，全国有长春师范大学、上海戏剧学院、浙江师范大学等 40 多所院校开设了艺术教育本科专业。

➡➡ 学前教育

培养目标：学前教育专业旨在培养具备扎实的人文、社会、教育与心理学等方面的基础知识和全面的学前教育工作专业知识与技能、适教乐教、具有先进教育理念和较强教育教学实践能力，能在各种儿童教育机构、教育行政与科研部门以及各级各类师资培训部门等从事儿童教育、教学科研、培训、管理、宣传和康复等工作的高级专门人才。

主干课程：学前儿童心理学、学前教育学、幼儿园课程、学前教育管理学、学前游戏论、比较学前教育、学前儿童社会性教育、学前儿童语言教育、学前儿童音乐教育、普通心理学、中外教育史、教育研究方法、人体解剖生理学、学前儿童心理学、学前儿童卫生学、幼儿园课程论、儿童行为观察与分析、学前教育评价等。

开设院校：目前，全国有北京师范大学、天津师范大学、河北北方学院等 300 多所院校开设了学前教育本科专业。

➡➡小学教育

培养目标：旨在培养理想信念坚定、师德高尚、理念先进、理论扎实，具有宽广的国际视野，较强的教育教学能力、研究反思能力、终身学习能力，能够尝试并践行小学教育教学创新发展，具备教育家基本潜质、胜任全科教学的小学卓越教师和教育研究者。

主干课程：教育概论、中外教育史、教学论、课程论、教育研究方法、发展心理学、小学教师语言技能、小学教师书画技能、小学课堂教学技能、班主任工作、课堂管理艺术、小学数学课程标准与教材分析、小学语文课程标准与教材分析、小学数学教学设计与实施、小学语文教学设计与实施等。

开设院校：目前，全国有首都师范大学、河北师范大学、河北民族师范学院等 240 多所院校开设了小学教育本科专业。

➡➡特殊教育

培养目标：旨在培养具有坚定的理想信念和崇高的特殊教育情怀，掌握现代特殊教育知识与技能，具备扎实的学科知识基础，并受到较为全面的学术训练，思想敏锐，善于反思，勇于创新，善于沟通与合作，熟练掌握一门

外语,并具有一定的国际视野,具备终身学习、持续发展的自觉意识,能够胜任特殊教育教学、研究和管理工作,有望在毕业数年内成长为服务特殊教育改革与发展的复合型高级专门人才。

主干课程:特殊教育学、特殊教育的医学基础、发展心理学、教育心理学、教育与心理统计、特殊儿童病理学、特殊儿童早期干预、学习障碍儿童教育、特殊儿童康复训练、融合教育、特殊儿童行为干预、学校卫生学、特殊教育研究方法、特殊学校语文教材教法、特殊学校数学教材教法等。

开设院校:目前,全国有北京师范大学、天津体育学院、唐山师范学院等60多所院校开设了特殊教育本科专业。

➡➡**华文教育**

培养目标:旨在培养具有坚定正确政治方向、良好思想道德素质、扎实汉语言文学基础知识和中华文化知识,全面了解汉语作为母语、外语和第二语言教学与习得规律、海外华文教育历史和规律,熟悉教育学、心理学等教育理论和现代教育技术,熟练运用英语和一门东南亚语(如泰语、越南语、缅甸语、老挝语、柬埔寨语等),具备较强的海外华文教育能力、跨文化交际能力和中华文化传播能力，热爱华文教育事业，胜任海外华文教育工作的应用型、国际型和复合型人才。

主干课程：教育学、心理学、第二语言教学论、综合汉语、汉语听力、汉语口语、汉语阅读、汉语写作、汉英语言对比、英语听说与写作、现代汉语、古代汉语、中国古代文学、中国现当代文学、中华文化、外国文学、对外汉语教学法、现代教育技术等。

开设院校：目前，全国有暨南大学、云南师范大学、华侨大学等9所院校开设了华文教育本科专业。

➡➡教育康复学

培养目标：教育康复学专业是一门整合教育与康复的手段，为有教育与康复双重需求的群体提供服务的综合交叉学科。它广泛地服务于听力障碍、言语障碍、心理障碍、智力障碍、自闭症等有特殊需要的群体。教育康复学专业，秉承"医教结合、文理结合、理论与实践相结合"的办学理念，师资力量雄厚，课程资源丰富且与国际接轨，培养既能从事特殊教育教学任务，又能承担康复训练任务的"双师型"（教师、康复师）人才。

教育康复学学生毕业后主要在特殊教育学校、康复

中心、民政福利机构、医院相关科室、研究机构、普通学校资源教室等单位或场所从事言语、听力、认知、心理、运动等障碍的评定、康复、教育、咨询、研发等工作。

主干课程：教育康复学导论、人体解剖生理学、普通心理学、发展心理学、特殊教育学、听力学基础、康复听力学、言语科学基础、言语障碍评估与矫治、临床语音学、嗓音障碍评估与矫治、儿童语言发展、语言障碍的评估与训练、情绪行为障碍评估与训练、特殊儿童运动康复、失语症评估与训练、听障儿童的教育与康复、智力障碍儿童康复与教育、自闭症儿童康复与教育、脑瘫儿童的康复与教育、教育康复研究方法、教育康复管理、教育康复技术等。

开设院校：目前，全国有华东师范大学、重庆师范大学、北京联合大学等6所院校开设了教育康复学本科专业。

➡➡**卫生教育**

培养目标：卫生教育专业旨在培养具有扎实的健康教育教学、卫生保健服务、学校卫生管理相关基础理论知识和基本技能，有一定的健康教育研究能力，有良好的职业素养，能够在各级各类学校开展学校卫生保健服务、学校卫生管理、健康教育教学、疾病预防与控制的复合型、应用型人才。

主干课程： 心理学基础、教育学基础、发展心理学、人体解剖生理学、疾病学基础、健康教育学、预防医学、儿童健康评估、儿童营养与发育、儿童卫生与保健、心理咨询与辅导、健康教育课程设计与评价、健康教育研究、学校卫生管理与实践等。

开设院校： 本科层次的卫生教育专业于2016年设立，目前仅有上海彬达学院开设该本科专业。

➡➡ **认知科学与技术**

培养目标： 认知科学与技术专业旨在培养具备良好的政治思想素质、人文素养和科学精神，具有认知科学基础理论、专业知识与技能，符合脑认知科学发展的需求，适应全国经济发展的需求，能在教育、科研、社会管理等机构从事科学研究、人力资源测评、用户体验、脑与认知训练、人工智能与人机交互及其他领域的应用型专门人才。

主干课程： 认知科学导论、认知神经科学、文化神经科学、社会神经科学、脑与行为、语言的进化、心理学基础、语言心理学、思维心理学、社会心理学、语言学导论、句法学、语义学、语用学、言语与思维、逻辑与认知、推理

与认知、计算机科学导论、人工智能、科学哲学、文化人类学、文化与认知、东西方文化对比等。

开设院校：认知科学与技术本科专业于2019年通过教育部审核，目前仅有贵州民族大学开设了该本科专业。

▶▶教育学专业学生的知识体系

任何专业的学生都需要掌握不同的知识，并且这些知识要构成知识体系，如此才能成长为合格的专业人才。教育学专业也同样如此，只是本书讨论的教育学专业包含的内容丰富一些而已。教育学涵盖12个不同的本科专业，它们在知识体系上必然存在差异。与此同时，既然这12个本科专业毕业生都可以被授予教育学学士学位，那么在知识体系上也必然存在着一定的共性。为了大致了解教育学专业学习者的知识体系，此处我们仅就教育学专业学习者的知识体系的共性之处，做一些简要阐释。教育学的知识成本较高，教育学专业学生至少需要掌握三个方面的知识，即教育理论知识、心理学知识以及专业领域知识。

➡➡教育学专业学生需要掌握扎实的教育理论知识

教育的三个构成要素是教育者、受教育者和教育影响。教育学专业主要致力于培养从事教育相关工作的高层次人才，所以教育学专业学生要掌握扎实的教育理论知识，也就是要掌握关于教育者、受教育者和教育影响的知识。

❖❖❖关于教育者的知识

教育学专业学生毕业后主要是直接或间接地从事教育工作，都属于广义上的教育者，需要掌握一些关于教育者的基础理论知识。关于教育者的知识主要包括以下几个方面：

教育者的作用：教育者作为一个社会职业分工，在社会发展过程中发挥着重要的作用。教育者的作用是指教育者对社会发展所发挥的作用，概括起来主要包括：首先，教育者是人类社会文化的创造者，通过经验总结、知识创造、理论建构以及思想引领等，对人类社会文化的繁荣与发展发挥着重要的塑造性作用；其次，教育者是人类社会文化的传递者，通过知识传播、理论宣传以及思想阐释等，对人类社会发展发挥着承前启后的桥梁性作用，是人类社会文化进步的推动者；再次，教育者是人类社会文化的保存者，通过甄别、选择、储存等，实现对人类社会文化的积累与保存，进而推动人类社会文化的持续发展与永续创新；最后，教育者是人类社会人才生产的主要承担者，肩负着培养一代代新人的历史重任，是人才再生产的

基础性推动力量。总之,教育者的作用是重要的、基础的、全局的,只有对教育者的作用有深刻的、准确的认知,才能树立起学习教育学专业的兴趣与信心,才能踏实学好教育学专业。

教育者的地位:教育者作为社会的一员,必然扮演一定的社会角色,由此占有一定的社会资源,从而体现出一定的地位。教育者的地位是通过教育者在社会发展中产生的作用和占有的资源体现的,主要包括政治地位、经济地位、法律地位以及专业地位。首先,教育者的政治地位主要体现为教育者政治身份的确立、教育者相关组织的建立以及教育者的政治参与等;其次,教育者的经济地位是与其他行业从业者相比较,其劳动报酬及其社会经济生活的基本状况;再次,教育者的法律地位是指法律法规赋予教育者的权利与责任,是教育者履行职责时所享有的独特权利;最后,教育者的专业地位是教育者其他地位确立的内在依据,主要通过从业标准来衡量与体现,既有学历学位、知识水平等硬性标准,又有职业道德、从业精神等软性标准。

教育者的专业发展:一般而言,教育者从事的工作具有专业性和创造性,是需要不断发展的,即教育者需要专业发展。教育者专业发展是指教育者的专业知识、专业能力、专业精神、专业心理以及专业理想等专业品质从不成熟、不稳定到比较成熟与相对稳定的动态过程。教育者的专业发展水平会随着时间的延续而提升，但不会随着时间的延续而简单地线性提升，这是一个复杂的过程，包括多个方面。首先，教育者的专业发展是专业知识的拓展。教育者专业知识的拓展主要表现在三个方面：一是专业知识的量的扩大；二是专业知识的质的提升；三是专业知识的序的优化。其次，教育者专业发展是专业能力的发展。目前关于教育者专业能力的认知尚未统一，一般而言主要包括表达能力（语言表达和文字表达）、人际交往能力、组织管理能力、反思能力以及终身学习能力等。最后，教育者专业发展是专业理想的升华。无论是误打误撞地进入教育学专业学习，还是自主选择地进入教育学专业学习，若想在教育领域有所成就、实现梦想，就必然需要建立专业理想。教育者的专业理想是在教育工作感受、认识与理解的基础上逐渐生成的对教育的本质、价值以及意义等的信念与理想，是支撑教育者专业发展的内在精神支柱。

❖❖关于受教育者的知识

教育者无论是直接还是间接地从事教育工作，都需要和受教育者打交道，有必要了解与掌握一些关于受教

育者的知识。关于受教育者的知识,主要是指关于学生的知识(故而,为了论述的方便,本部分均用学生指代受教育者),这些知识主要包括以下几个方面。

学生的属性:学生是教育过程的核心要素,是教育教学活动的主体。学生的属性主要体现在以下几个方面:首先,学生是一个完整的人。学生不是任何个人或组织可以自由支配甚至控制的附属品,而是一个情感、人格、心理以及身体等诸方面有机统一的、德智体美劳全面发展的完整的人。也就是说,学生既是自然的存在,又是社会的存在。因此,不能把学生理解成学习的机器,只要成绩好,其他的就都好。应以整体的眼光看待学生,将学生看作一个完整的人,才能将学生培养成完整的人。其次,学生是以学习为天职的人。学生的学习不同于人们日常生活或工作中发生的学习行为,而是在教师的指导下进行的有目的、有计划以及有组织的制度化、规范化与专业化的学习。学生的学习主要以间接经验为主、直接经验为辅,是一个循序渐进的过程。需要说明的是,学习是学生的天职,但不意味着学习是学生的唯一任务或职责。学生也应该有除了学习活动之外的社会活动,比如娱乐、社交等。学生是一个具有主观能动性的人,不是一个可以任意图画的"白板",更不是一个知识的容器。再次,学生是处于发展中的人,具有典型的发展性。学生处于人生成长的关键阶段,具有巨大的发展潜能和可塑性,适当的教育与引导能够极大地激发与释放学生的发展潜能。最后,学生是有差异、有个性的人。我们的教育面对的是具体的学生,由于遗传素质、生活环境、兴趣爱好以及发展诉求等的不同,学生必然呈现差异,由此就需要因材施教地为每个学生创造最适宜的学习环境与发展条件,从而实现每个学生自由而全面地发展。

学生发展的规律:学生的发展呈现出一定的规律性,把握住学生发展的规律性,教育者可以给予学生更好的教育与引导,从而产生更好的教育效果。一般来说,学生发展的规律性主要体现在以下几个方面。一是学生发展具有顺序性。二是学生发展具有阶段性。三是学生发展具有不平衡性。四是学生发展具有差异性。五是学生发展具有稳定性。六是学生发展具有可变性。七是学生发展具有整体性。

学生的权利与义务:学生作为社会的一员,享有一般社会公民所享有的权利,也应尽一般社会公民所应尽的义务。学生作为特殊的社会成员之一,享有其他社会群体所不能享有的一些特殊权利。学生一般享有以下权利:一是学生享有受教育权。二是学生享有平等权。三是学生享有人身安全与隐私权。四是学生享有申诉权。

权利与义务是一体共生的,享有了权利就必须履行义务。同样的,学生在享有基本权利的同时,也应尽基本义务。根据《中华人民共和国教育法》规定,学生应当履行以下义务:遵守法律、法规;遵守学生行为规范,尊敬师长,养成良好的思想品德和行为习惯;努力学习,完成规定的学习任务;遵守所在学校或者其他教育机构的管理制度。

学生的地位:此处所说的学生地位主要是学生在教育过程中的地位,也就是如何看待学生的问题。首先,在教育过程中,学生是教育的对象。学生作为社会的一员,既有自己发展的需要,同时又需要融入社会,由此就必然需要学习人类社会已经积累下来的知识财富。其次,在教育过程中,学生是学习和发展的主体。教育就是教师的教与学生的学共同构成的双边互动活动。在教育过程中,教师是教的主体,主导着教什么、怎么教、教多少等;学生是学的主体,既决定着学的效果、进度以及程度等,又从根本上决定教的效果。良好的教育是教师与学生相互配合、互促共进的结果。学生和教师是平等的,既是法律地位的平等,又是人格的平等。

❖❖❖关于教育影响的知识

教育影响是教育的核心构成要素之一,是教育过程中教育者作用于受教育者的全部信息,既包括信息的内容（教育内容），又包括信息的选择、传递以及反馈等方式与手段（教学原理与教学原则等）。

教育内容：教育内容主要通过课程来呈现，所以此处所说的教育内容是指课程，或者说是以课程为载体的教育资料。纵观已有的研究，可以发现关于课程的理解或界定主要分为三种：一是认为课程就是目标或计划；二是认为课程就是学科；三是认为课程就是学习者的经验或体验。按照不同的标准可以将课程分为不同的类型，在实践过程中课程主要分为以下几种类型：一是以课程的主体为划分的依据，将课程分为学科课程与经验课程。学科课程是指以学科知识为依据组织起来的课程，经验课程是指以学生的经验为依据组织起来的课程。二是以课程的组织形式为划分的依据，将课程分为分科课程与综合课程。分科课程是指按照学科知识的内在逻辑分门别类地选择内容而组织起来的课程，综合课程是指以多学科知识为主、构建探究与解决某个问题的课程组织形式。三是以学生是否必须选择为划分的依据，将课程分为必修课程与选修课程。必修课程是指为了完成基本的教育任务而开设并且学生必须学习的课程，选修课程是指为了适应不同学生的学习兴趣与爱好而开设的且学生在一定条件下可以自由选择的课程。四是以课程的呈现形态为划分的依据，将课程分为显性课程与隐性课程。

显性课程是有目的、有计划、有组织地开设与实施的课程,简单来说就是呈现在课程表上的课程。隐性课程是在教育教学过程中非计划性、非预期性、非正式性出现的知识、观念、思想以及价值等隐性因素,是无处不在的课程。

教学原理:教学是学校的核心工作,是教育目的实现的基本手段,也是立德树人使命达成的基础途径。可以说,没有教学,教育目的就难以实现,立德树人也难以实现。正是因为教学如此重要,所以教育学专业学生应对教学有基础的认识与理解。作为教育学专业学生至少应该对教学作用、教学过程以及教学规律等有基本的了解。首先,教学作用。教学就是教师的"教"和学生的"学"构成的双边互动过程,在教育过程中发挥着基础性与关键性的作用,具体来说主要体现在以下几个方面:一是,教学是促进学生德智体美劳全面发展的基础路径。教育的根本目的就是培养德智体美劳全面发展的社会主义建设者和接班人,而这一目的的实现需要依托于教学。通过有效的教学,学生可以掌握基础知识,形成基本技能,发展基本智力,培养道德情操,完善人格品质,涵养审美情趣,培育良好心智,锻炼健康体魄,培养劳动素质,继而实现德智体美劳全面发展。二是,教学是提高教育质量的基础途径。提高教育质量是教育改革的核心主题,也是教育工作的生命线。教学是决定教育质量的关键因素,是教育质量提升的先决性条件。三是,教学是促进学生社会化发展的重要手段。教学是连接社会与学校教育的纽带,是将社会需求、社会规范以及知识经验传递给学生的基础路径,由此促进学生实现社会化发展。其次,教学过程。教学过程是教学的重要组成部分与关键环节,认清教学过程是组织与开展教学活动的基础与前提。简单来说,教学过程就是教学活动的推进与开展,是诸多相关要素相互作用的动态过程。实际上,教学过程就是一种认识过程,是一种有别于一般认识过程的特殊认识,有其特殊性。最后,教学规律。教学不是随意的实践活动,高质量的教学更需要遵循一定的教学规律。教学规律是客观存在的,一般的教学过程主要遵循以下几个规律:一是,直接经验与间接经验相统一的规律。二是,掌握知识与发展能力相统一的规律。三是,传授知识与思想教育相统一的规律。四是,教师主导与学生主体相统一的规律。

教学原则:在教学过程中教育者要遵循一些基本的教学原则,遵循基本的教学原则是教学活动有效开展的重要保障。教学原则就是教育者根据教学目的、遵循教学规律制定的指导教学活动的核心准则与基本要求。教学原则是教学经验的总结、概括与提升,是教学规律的反

映与体现,是教学活动有效开展的基本依据。教学原则具有变化性,但总体而言又具有一定的稳定性。因此,我们只阐述一些基本的、主要的教学原则,主要包括以下几个方面。首先,教学要遵循方向性原则。教学要遵循方向性原则就是说教学活动的开展要坚持社会主义方向,要坚持马克思主义的立场、观点以及方法,要坚持"四个服务"的基本立场,要坚持立德树人的根本使命。其次,教学要遵循循序渐进原则。教学活动的开展要按照知识本身的逻辑与规律和学生身心发展规律与认识能力由易到难、由浅入深、由低级到高级地传授知识与技能。简单来说,教学过程既不能揠苗助长,又不能陵节而施。再次,教学要遵循因材施教原则。教育者要实事求是地根据学生之间客观存在的个体差异,因人而异、有的放矢地开展教学,避免"一刀切"的教学安排,从而使每个学生都能得到全面发展。最后,教学要遵循伦理性原则。在教学过程中教育者要遵循社会伦理规范,既遵循热爱学生,又不超越师生关系的基本边界。

➡➡教育学专业学生需要掌握深厚的心理学知识

教育学专业学生毕业后直接或间接地从事教育工作,都属于广义上的教育者,需要掌握一些心理学基础理论知识,主要是教育心理学知识。教育心理学主要在于揭示、探究与剖析教育过程中学生学习的性质、过程以及规律等问题。教育学专业学生需要掌握的教育心理学知识，主要包括以下几个方面：

✦✦学习理论

学习理论就是研究学习的发生、变化以及发展过程中的普遍性与必然性，也就是研究学习规律。只有很好地把握了学习规律，教育者才能很好地开展教学，学习者才能有效地学习。学习理论研究学习规律，一方面是研究学习过程中表现出来的变化与发展，另一方面是研究学习过程所依赖的条件。也就是说，学习理论既要揭示学习过程的内在变化，又要研究学习依赖存在的外在条件。比较有代表性的理论主要有以下几个：一是学习的联结理论。联结理论认为学习的发生是通过条件作用，在刺激与反应之间建立起直接联结的过程。二是学习的认知理论。认知理论认为日常学习中一些简单的行为可以通过刺激与反应之间的直接联结获得，但对于一些复杂行为而言，刺激与反应联结的解释力与说服力就显得微弱了。因而，学习的认知理论认为学习并不是在外部环境的支配下被动地形成刺激与反应的联结，而是主动地在头脑内部构造完形、形成认知结构。因此，学习也不是通过练习与强化形成反应习惯，而是通过顿悟与理解

获得期待。学习的认知理论也有不同的流派,主要有格式塔学派的完形-顿悟说、布鲁纳的认知-发现说以及奥苏伯尔的有意义接受说。三是学习的联结-认知理论。这样的学习理论既部分地认可学习的联结理论,又部分地认可学习的认知理论,是介于联结理论与认知理论之间的,这样的学习理论叫学习的联结-认知理论,主要有托尔曼的认知-目的说、加涅的信息加工学习理论和班杜拉的观察学习理论。四是人本主义学习理论和建构主义学习理论。随着人们对学习理论研究的深入与拓展,研究者越来越重视个体情感与人格等精神层面的成长与发展,尤其是更加关注个体在学习过程中的主观能动性具有基础性的作用,由此逐渐形成了人本主义学习理论和建构主义学习理论。当然,学习理论还关注学习的迁移、知识的学习以及技能的学习等过程中的规律与机制问题。

❖❖❖学习心理

学习心理主要研究学习的本质、学习的机制等,即研究学习是什么、如何发生的、如何进行的以及如何结束的。一是学习的本质与作用。在我们的日常生活中,学习是一个很常见的术语,而且也是每个人时刻都在有意或无意地经历与从事的日常活动。什么是学习呢?不同的理论流派有不同的看法。比如前文所说的学习的联结理论和学习的认知理论，对此的认识与解释就是不同的。学习的联结理论认为学习就是刺激与反应之间的直接联结，而学习的认知理论则认为学习就是认知结构的形成与改变。实际上，个体的学习是一个不断获得与积累知识与经验的动态过程，也是个体对生存环境的主动或被动的适应，而且学习的结果通常可以通过行为的变化表现出来。但心理结构或经验的内在形成与改变则是难以通过直接观察得到的。由此，我们可以将学习理解为"个体心理变化适应环境变化的过程，是经验的获得和积累的过程或经验结构的构建过程"。学习对个体和群体有不同的作用，对个体而言就是促进个体身心成熟与发展，成长为能够适应社会的成员，对群体而言就是通过个体的发展促进社会不断进步。实际上，从微观上来讲，个体要在社会上生存与立足就需要不断地学习；从宏观上来讲，人类的进步也离不开不断地学习。可以说，人的一生都在不断地学习，是学习的一生，而人类社会的发展史，也是一部人类的学习史。由此可见，无论是对个体还是对社会而言，学习都具有基础性与决定性的作用。二是学习动机。学习动机是激发个体进行学习活动、维持已引起的学习活动，并致使个体的学习活动朝向一定的学习目标的一种内部启动机制。学习动机犹如学习活动的开关，一旦形成就会与学习活动相互作用、彼此强化，并

贯穿学习活动的始终。可见,学习动机对学习活动而言是必不可少的,正是因为如此,学习动机才引起研究者的关注与重视。当然,学习动机有不同的类型,正是由于学习动机的复杂性,所以研究者从多个角度对学习动机进行研究,逐渐形成了强化动机理论、成就动机理论、成败归因理论、成就目标理论、自我效能感理论以及需求层次理论等多种不同的学习动机理论。三是学习风格。学习风格是指学生学习时的偏好或倾向,是学生一贯的稳定的带有个性特征的学习方式,是学习策略和学习倾向的总和。学习风格的形成是由生理因素、心理因素以及社会文化因素等共同作用的结果,是一个复杂的过程。一般来说,学习风格具有独特性与稳定性的特征。一旦学习风格形成,就呈现出持久稳定性。教育过程中,教育者充分了解与掌握学生学习风格,有利于提高教育效果。

❖❖❖学生心理

学生的发展既包括身体的发展,又包括心理的发展,是身心的和谐统一。学生心理发展是指学生活动的心理调节机制方面的变化。教育学专业学生要想富有成效地从事教育相关工作,就需要掌握学生心理发展的一些基本知识。学界对学生心理发展的研究主要围绕着一个核心问题展开,就是学生心理发展是先天的还是后天的。

关于学生心理发展的代表性理论主要有以下几个方面：一是学生心理发展的内发论观点。内发论认为学生的心理发展完全是内部遗传的自然因素预先决定的，心理发展的过程就是按照自然因素预定的目的和方向展开的过程。该观点仅注重内在因素的作用，忽视了环境的作用，因而遭到批判与质疑。二是学生心理发展的外铄论观点。外铄论是与内发论相对的，外铄论认为学生心理发展的实质是教育与环境等外界因素影响的结果，并且认为环境决定学生心理发展的进度、形式以及水平。该观点有强烈的环境决定论的色彩，从根本上否定了内因的作用，因此也遭到质疑与批判。三是学生心理发展的社会文化历史观点。社会文化历史观点认为，学生心理发展的本质是在与他人互动交往过程中实现的，不是先天决定的，是人类社会文化历史作用的结果。四是学生心理发展的建构观点。建构观点认为学生心理发展是在主、客体相互作用过程中，学生不断地建构心理结构，从而实现从心理的量变到质变的过程。

➡➡教育学专业学生需要掌握精深的专业领域知识

掌握扎实的教育理论知识和深厚的心理学知识，是对教育学专业学生的共性要求，也是对教育学专业学生的基本要求。当然，作为教育学 12 个专业来说，仅掌握

扎实的教育理论知识和深厚的心理学知识是远远不够的,还需要根据具体专业的特点掌握精深的专业领域知识。专业领域知识是指特定的专门学科知识,是专业与专业之间区别开来的核心,也是专业学习者核心技能形成的基础。每一个专业都主要致力于一定的专业领域,而每个专业领域又都有属于自己的专业知识。具体到教育学12个不同的专业,每个专业都要求学生掌握精深的专业领域知识,精深的专业领域又可以分为三个层次:基础知识层次、知识体系层次以及知识前沿层次。在基础知识层次,就是要了解与掌握该专业领域内最基础、最普遍、最核心的基础性知识,这是专业学习的起点与基础。在知识体系层次,就是要了解与掌握该专业领域内各知识之间的内在联系以及相互关系,从而形成立体化的专业知识网络,建立起专业知识体系。简单来说,知识体系就是把零碎的、割裂的、分散的、独立的知识点按照一定的规律与逻辑进行系统整合,从而形成逻辑清晰、层次分明、相互联系的知识系统。当然,知识体系还要不断地生长,发出新的枝芽,产生新的叶片,从而丰富已有的知识体系。也就是说,我们还要掌握知识前沿,即教育学研究领域最新的研究成果与方向的知识。我们在知识创造与创新的层次来理解与掌握专业领域知识,即需要站在专业领域知识的前沿,生产和创新专业知识。接下来,我们以学前教育学专业为例，对掌握精深的专业领域知识做进一步的分析与探讨。

学前教育学专业学生首先要掌握学前儿童保育学、学前教育学、学前儿童发展科学、学前儿童心理学、学前儿童课程设计与开发、幼儿园教育活动设计与组织等学科的基本理论与基本知识。掌握这些基础性知识，是学好学前教育和从事学前教育工作的前提。其次，学前教育学专业学生还在系统整体中将这些基础知识、国家关于学前教育的方针、政策以及法规等进行系统整合，从而形成学前教育专业知识体系。最后，学前教育学专业学生还要研究国内外学前教育理论与实践的发展趋势与科研前沿，为学前教育工作的有效开展与大力推进贡献新的知识，从而丰富和发展学前教育专业的知识体系。

▶▶对教育学专业学生的实践要求

教育学专业，既具有很强的理论性，又具有很强的实践性。因此，学好教育学相关专业，既需要掌握扎实的理论知识，又需要经过严格的实践锻炼。当然，教育学12个不同的专业的实践要求也存在一些不同，但考虑到教育学专业毕业生更多的是直接或间接地从事教育工作，故而此处我们就以教育实践为主，简单介绍一下教育学

专业学生的实践。在具体操作过程中,教育学专业的教育实践又可以分为不同的类型,主要有教育见习、教育实习以及教育研习等。

➡➡ **教育见习**

教育见习是教育学专业学生从学习教育基本理论知识走向教育实习之前的过渡性教育环节。教育见习一般会安排在教育实习的学校进行,主要内容有:

第一,教育见习的准备性工作。教育见习一般会邀请校内外相关领域的教育教学专家开设讲座,讲授教育教学的现实状况与发展趋势、班主任工作的方法与艺术等,从而使学生建立起教育者的角色意识。同时,安排实践导师对学生进行基本的教育教学的技能、方法与艺术等方面的训练,为学生进入角色提供系统性指导与基础性支持。

第二,教育见习的具体开展。在教育见习开展过程中,可以组织学生参观学校、进行教学观摩以及深入课堂等具体见习形式,从而了解与认识课堂教学、班主任工作以及学生活动组织等方面的知识与内容。同时,要组织学生进行学习性、观察性以及研究性的听课与课堂组织,积累课堂教学经验、了解教学大纲与课程设置、探索课堂教学规律以及学习与吸收课堂教学方法与艺术等,逐渐掌握与熟悉课堂教学,做到理论知识与实践的有机结合。与此同时,通过辅导学生自习、批改学生作业以及找学生交流等方式,掌握学生学习发展规律,了解学生兴趣、爱好以及习惯等情况,参与学生活动,从而更好地和学生建立起良好的师生关系。

第三,教育见习的反思与总结。及时引导学生进行教育见习的反思与总结,既分析教育见习的真实体验与感受,又分析教育见习过程中遇到的教育教学问题,更要总结教育见习的收获,为进行教育实习打好基础。

➡️➡️ 教育实习

教育实习是教育学专业人才培养的重要环节,是提高教育学专业人才基础知识、基本技能以及综合素质的重要途径,是促进教育学专业学生形成、确立与强化教育工作意识的基础方式,也是促进教育学专业学生实现理论与实践相结合、学以致用的综合实践课程。教育实习有利于培养学生发现问题、分析问题以及解决问题的能力,也是促进学生了解教育教学实际的重要手段,可以为毕业后走上教育工作岗位奠定坚实的基础。对学生而言参加并完成教育实习,是获得学历学位证书的基础,也是学生学习过程中的一个重要组成部分。教育实习一般至少要开展一个学期,涉及的内容也较多。一般来说,教育

实习主要包括课堂教学实习、班主任工作实习以及教育调查实习三个内容。

第一，课堂教学实习。在通常情况下，学校会为每个学生安排校内实习指导教师，实习学校也会给每个实习学生安排一名指导教师。在教育实习过程中，学生要在两个实习导师的指导下，进行具体的课堂教学实习。实习学生要认真学习和研究所学科目的教学大纲，钻研教材，准备教案，并交给实习导师审阅和指导。经过与实习导师交流与讨论确定教案之后进行试讲，试讲通过后在实习导师的帮助下开始正式上课。实习学生每次上完课后，都要进行系统的自我分析和深刻的教学反思与总结，并根据实习导师的意见和建议不断改进教学工作的方式、方法。学生在实习期间，相互之间要经常性听课、讨论和交流，取长补短，共同进步。

第二，班主任工作实习。实习学生在原班主任的指导和帮助之下，按照实习学校的规定与要求和实习教学班的实际工作情况，制订实习班主任工作的内容、步骤与计划，并征得原班主任同意后，严格按照规划开展班主任实习工作。实习学生要进入班主任角色参加学校安排与组织的相关活动，深入班级中和学生接触、沟通与交流，了解班级学生的基本情况，为更好地开展教育教学工作奠定基础。实习学生也要和学生家长多交流,了解学生的家庭情况,有必要的话可以进行家访,开展家长会等。

第三,教育调查实习。教育调查就是为了更加全面深入地了解教育教学状况,对实习的学校、班级、学生以及家长等进行有目的的调查与分析,并撰写教育调查报告。

➡➡教育研习

教育研习是指为了进一步总结教育实习过程中的经验与教训,从而促使教育见习对学生的专业知识积累、掌握与运用发挥更大的作用,在教育实习结束后开展的反思性与改进性的总结。教育研习的主要目的是对教育实习过程进行系统反思与深入研究,结合教育教学改革的新理念、新思想、新形势以及新要求,通过学生的个人汇报、小组总结、经验交流以及研讨交流等方式,对教育见习过程中的实际问题、有益经验以及改进建议等进行研究与分析,从而达到进一步提升学习效果的目的。

教育研习涉及多方面内容,主要包括:一是教育实习经验汇报、交流与总结。主要就是组织与引导学生汇报、交流与总结教育实习过程中,教学工作、班级管理工作以及教育调查研究工作等的成绩与不足;二是课堂教学设计研究。主要就是安排学生汇报、交流与总结教案撰写

与分析、教学思路与方法、教学重点与难点以及教学目标与理念等;三是课堂教学观察记录与分析。主要就是组织学生进行教学技能与方法分析、教学策略运用以及教学效果评价等;四是主题班会分析与总结。主要就是组织学生进行班会主题设计、教学方法与策略分析以及教学效果评价与总结等;五是教育调查研究报告。主要就是组织学生进行教育调查选题探讨、教育调查研究设计分析、教育调查过程与方法研讨以及教育调查结果呈现等。

大有可为：教育学专业学生的前程

> 教育学是一个巨大的宝藏，那里埋藏着无穷无尽的知识、智慧与思想，有待智慧之人去挖掘、构建和创造。故而，选择学习教育学，也就选择了发展的无限可能，同时也奠定了人生持续发展的深厚基础。
>
> ——佚名

在人们的传统认知里，教育学专业的毕业生除了从事教师行业之外好像就没有更好的出路了。实际上，从历史沿革的角度来看，教育学专业确实是我国师范院校最传统、最重要、最基础、最悠久的专业之一，教育学专业毕业生基本也都是去中小学当教师，更确切的说是从事教育工作。然而，随着我国高等教育的迅猛发展和教师教育的迅速转型，教师教育格局与形势也发生了变化。随之而来的是，新就业形态的不断涌现，既极大地拓展了

教育学专业毕业生的就业空间，与此同时又给教育学专业学习者带来了新的考验与挑战。总体而言，教育学专业学习者依然大有可为，前程依然一片光明。此处，我们从教育学专业学生的就业形势与就业方向两个方面，对教育学专业学习者的前程做简要介绍。

▶▶教育学专业学生的就业形势

通常来说，我们在选择一个专业之前，一般都要对该专业的就业形势做出基本考察。只有把握就业形势，才能了解就业趋势，进而才能让我们选择更合适的专业。同样的道理，我们在分析教育学专业学生的前程时，也要了解该专业学生就业的基本形势。教育学专业学生的就业形势，可以从两个方面来考察：一方面是入口，即教育学专业学生的数量；另一方面是出口，即教育学专业学生的就业情况。

➡➡2010—2019年全国普通本科高校教育学学科学生数

在了解教育学专业学生的就业形势之前，我们有必要对近10年的教育学本科毕业生数量、招生数量以及在校生数量有个基本的了解。根据教育部官网发布的教育统计信息，我们可以看到数据更新到2019年。因此，我们整理了2010—2019年全国普通本科高校教育学学科学生数，详情见表4。需要说明的是，这个表格我们只统计了教育学学生数的基本情况，不包括可能被授予理学或工学学士学位的教育技术学专业学生和被授予艺术学学士学位的艺术教育专业学生。

表4 2010—2019年全国普通本科高校教育学学科学生数

(单位：人)

年份	毕业生数	招生数	在校生数
2019	151 841	190 316	733 353
2018	146 318	176 731	675 442
2017	141 863	165 142	629 323
2016	134 202	155 838	596 697
2015	124 108	143 625	569 142
2014	112 424	140 969	544 314
2013	104 691	139 887	517 344
2012	103 884	142 812	517 590
2011	95 140	133 587	474 661
2010	90 327	124 406	436 683

从统计结果来看，2010—2019年全国普通本科高校教育学学科的毕业生数、招生数以及在校生数都有大幅度的提升，提升的原因可以从两个方面来理解：一方面，2010年至今，我国高等教育毛入学率一直保持迅速上升态势，教育学专业学生数的增长只是整体趋势的一种反映。另一方面，教育学专业学生数的增加，也可以从一定程度上反映了教育学专业的吸引力。

➡➡本科毕业生就业的主要行业与职业及其变化趋势

梳理与分析本科毕业生就业的主要行业与职业及其变化趋势,可以更好地反映教育学专业学习者的就业形势。我们以麦可思网站的相关数据为依据,通过分析2015—2019届本科毕业生就业的行业与职业及其变化趋势,从侧面反映教育学专业学习者的就业态势。教育业就业本科生人数一直高居首位,并一直呈现增长的态势。当然,在教育业工作的本科毕业生并非都是教育学毕业生,同时教育学专业毕业生也有在其他行业工作的。教育业具有巨大的人才吸纳能力,也能在一定程度上说明教育学专业学习者有着良好的就业前景。2015—2019届本科毕业生就业的主要职业及其变化趋势,可以更进一步凸显教育学专业学习者的就业优势及其前景。

➡➡教育学专业毕业生就业概况

为了更加全面地了解教育学专业毕业生就业情况,我们可以从教育学专业毕业生的就业率、就业满意度以及工作与专业相关度等层面做进一步的考察与分析。

✤✤教育学专业毕业生就业率

就业率是反映学校和专业教育教学质量的重要指标,也是考察专业就业状况的重要参照。此处我们所说的就业率是指已就业教育学专业本科毕业生数或教育学专业本科毕业生总数,其中已就业教育学专业本科毕业生数包括已签订劳动合同、自主创业、参军入伍以及升学深造这四种类型。根据麦可思的调查与研究数据,从2017届、2018届以及2019届连续三届应届本科毕业半年后的就业率可以看出:教育学本科生就业率处于中间层次,综合来说表现还可以。虽然2017—2019届就业率一直在下降,但这不是教育学专业自身的问题。整体来讲,受到经济增速放缓和毕业生人数持续增加的双重影响,各学科本科毕业生就业率都有所下降,而教育学专业本科生也是其中之一而已,其下降幅度与速度比其他专业更大、更快。

❖❖❖ 教育学专业毕业生就业满意度

就业满意度是衡量就业质量的重要指标,也可以用来说明某一专业的吸引力。就业满意度是毕业生基于工作内容、工作环境、薪资收入和晋升空间等相关因素的主观认识和情感体验。衡量就业满意度有多种方式,可以是就业之初,也可以是就业一段时间之后。一般来说,调查就业时间的跨度越多,越能反映就业满意度的真实情况。麦可思在调查本科生就业方面具有代表性,它一般选择就业半年后和五年后为节点来进行调查。

根据麦可思的跟踪调查与研究数据,教育学专业学生毕业半年后的就业满意度连续三年(2017—2019届)最高且保持稳定;从学生毕业后五年的就业满意度来看,教育学2014届的学生毕业五年后的就业满意度也非常靠前。虽然是2014届的数据,也能在一定程度上反映一些基本信息。

❖❖教育学专业毕业生就业工作相关度

中国教育重视学以致用,而对本科生而言,就业工作相关度既可以在一定程度上反映学以致用的达成度,又从一个侧面反映教育学专业毕业生就业状况。本科毕业工作与专业相关度就是受雇全职工作并且与专业相关的毕业生人数与受雇全职工作的毕业生人数的比值。根据麦可思的相关调查和研究数据,2017—2019届本科各学科门类毕业生的工作与专业相关度很高。

❖❖教育学专业毕业生毕业半年和三年后的月收入

通过以上的简要分析,可以从就业率、就业满意度以及就业工作相关度等方面显示出教育学专业毕业生的就业前景是光明的。尽管如此,我们也不得不说,在当前的就业市场,教育学专业毕业生的工资收入并没有太大的竞争力。麦可思的调查数据显示,教育学本科生毕业半年和三年后的月收入都较低。教育学本科毕业生的工资收入相对较低,同时其增速度也相对较慢,是增长最慢的前十位专业类之一。

❖❖教育学专业毕业生的离职率与职业转换率

离职率是指有工作经历的毕业生有多大比例发生过离职。职业转换是指毕业生在毕业半年后从事某种职业,毕业五年后由原职业转换到不同的职业。需要说明的是,转换职业并不意味着离职,也可能是内部职务调整。一般来说,综合考察离职率和职业转换率,可以从侧面反映一个专业的就业情况和吸引力,尤其是体现就业的稳定性。

教育学专业毕业生的就业相对稳定。一般而言,医学和教育学毕业生从事的工作与本专业相关度较高,而且此类工作的从业门槛较高,所以就业相对较为稳定。

教育学专业毕业生工资收入低,而且增长速度还比较慢。与此同时,教育学专业毕业生就业满意度非常高,工作与专业相关度也非常高,就业较为稳定。由此我们可以做如下推论,教育学相关专业还是比较抢手的,教育学专业就业前景也一片大好。钱锺书在《围城》里有这么一段描述,"在大学里,理科生学生瞧不起文科生,外国语文系学生瞧不起中国文学系学生,中国文学系学生瞧不起哲学系学生,哲学系学生瞧不起社会学系学生,社会学

系学生瞧不起教育系学生,教育系学生没有谁给他们瞧不起了,只能瞧不起本系的先生"。实际上,这样的场景或情况早已一去不复返了。

▶▶教育学专业学生的就业方向

自教育学专业诞生以来,教育学专业就一直伴随着经济社会发展的变化而不断地调整着自己的培养目标,由此就逐渐形成了教育学专业学生多元化、多层次和多领域的就业选择空间。概括来说,教育学专业学生毕业之后,有以下几大类就业方向可供选择。

➡➡教育教学

传统上教育学专业主要就是培养中小学教师的,就是在今天培养教师依然是开设教育学专业本科院校的重要培养目标之一。也就是说,从事教育教学是教育学专业毕业生的重要就业方向之一。实际上,教师是一个门槛较高,规范性较强的职业。教育学专业毕业生从事教育教学工作,具有天然优势。教师必须掌握扎实的教育学知识和丰富的心理学知识,这既是从教的基础,又是从教的前提。教育学专业学生在毕业之时,就具备了这方面的知识基础。并且,教育学专业学生毕业之前,都要进行严格的实践训练,已经初步掌握了教育教学的方法、技能以及艺术。当然，教育学专业本科毕业生从事教育教学工作，主要还是集中在中小学和幼儿园等基础教育阶段和特殊教育领域。

➡️➡️ **教育管理**

任何社会实践活动的顺利开展，都需要有效的组织与管理，即需要专业管理人员参与。教育活动是最为复杂的社会实践活动之一，涉及的主体多、影响的范围广，教育活动的有效开展也同样需要专门的、专业的、专长的教育管理人员。学校及其教育有其自身的运行逻辑与发展规律，参与学校管理、有效开展学校管理，既要求理解学校运作逻辑掌握教育教学规律，又要求具有一定的知识门槛。教育学专业学生毕业之前，既初步掌握了学校运行与发展规律的基础知识，又通过参与学校实习初步了解了学校实际运行情况，所以毕业之后从事教育管理工作可以很快胜任。我们也可以看到，教育学专业一个重要的培养方向，就是培养学生能够从事教育管理工作。具体来说，教育学专业本科毕业生一般可以在政府相关部门、科研组织机构以及中小学等从事教育管理和服务工作。

➡️➡️ **教育科研**

教育科研就是以教育现象或教育问题为研究对象，

采用适当的研究方法,揭示教育现象或教育问题背后的规律,从而解决教育问题,揭示教育规律的探索性与创造性的认识与实践活动。教育学专业本科毕业生已初步具备进行教育科研的基本素养,可以从事教育科研工作。因此,从事教育科研工作,也是教育学专业毕业生的一个重要的就业方向。教育学专业本科毕业生从事教育科研工作,一般主要是在中小学教育领域,并且主要是以中小学教育领域的实际问题为研究对象,以解决中小学教育领域中的实际问题为主要目的。当然,教育科研工作也可以丰富中小学教育领域的相关知识,完善中小学教育领域的相关理论。具体来说,在中小学基础教育领域从事教育科研工作,一般主要负责以下工作:新课程改革过程中的课程体系开发与建设;新教师培训与专业发展指导;教学效果评估与改进;学生学习情况调查、反馈与改进;教材设计、课件开发以及教学实施等。

➡➡教育咨询

教育学专业本科毕业生,由于具备扎实的教育理论与实践知识,也可以胜任教育咨询工作。随着人们物质生活水平的逐步提高,人们的教育需求也日益增加。与此同时,现在的人们已被各种各样的教育信息所包围,由此导致人们产生了不同程度的教育信息选择困难。在此背景下,人们的教育咨询需求便由此而来。教育咨询就是专业人员或机构为有咨询需求的个人或组织提供相关咨询服务的活动。教育咨询是建立在调查研究基础上的,是有教育理论依据的。教育咨询涉及范围较广,主要包括三种类型:学校教育咨询,社会教育咨询,家庭教育咨询。

➡➡**教育培训**

从事教育培训工作,也是教育学专业毕业生的一个很好的就业方向。教育培训是指专门机构为有教育需求的个体或组织提供教育信息服务与技能培训而开展的教育教学活动。教育培训是随着社会各界的教育竞争压力不断提升而逐渐兴起并蓬勃发展起来的,这类机构的培训服务几乎涵盖了人生发展的各个阶段,从学前教育到基础教育到中等教育再到高等教育最后再到职业教育等各个阶段。概括来说,教育培训主要有以下几种类型:以教育教学知识和资源为主要内容的网站或机构;以职业教育为主要方向的相关网站或机构;以企业缺少人才的专门课程为主的网站或机构;提供再就业以及创业为主要内容的网站或机构、在线招生的信息类网站或机构以及专业课程培训机构网站或机构。除此之外,还有教师资格证考试、教师事业编考试以及各级各类升学考试等

具体的教育培训市场,为教育学专业毕业生提供了广阔的就业前景。

➡➡其他教育相关工作

教育学专业毕业生的就业出路很广,除了以上几个相对较为传统的就业领域之外,随着教育大数据分析、云计算、互联网+以及人工智能教育等的兴起与普及,教育新媒体领域成为较为时髦的就业领域。信息技术的发展,带来了教育信息沟通与交流的革命,同时极大地提升了教育信息互动的效率。在新兴的教育信息应用领域,教育学专业毕业生将有更大的施展空间。

▶▶教育学专业学生的持续发展

教育伴随着人类社会的产生而发展,是最为古老的一种社会现象。可以说,我们既是教育的产物与结果,又是教育的参与者与推动者。我们每个人都应学习和研究教育,都应关注和重视教育学。

简单来说,教育学就是以研究教育现象、揭示教育规律和解决教育问题为目的的学问。广义的教育与人类社会一同产生,而教育学的诞生却是人类社会教育发展到很高水平之后的事情,作为独立形态的教育学的历史则更短。1632年,捷克教育家夸美纽斯《大教学论》的出版,才标志着教育学的诞生。以《大教学论》的发表为时间节点的话,教育学发展至今已近400年的历史。400年的历史,相对于个体的自然生命而言已经足够古老了。应该说在400年的时间里,我们应该对教育学有了足够的了解与认识了。然而,就已有的教育学发展史来看,我们对教育学的认识依然非常有限,甚至只识得其冰山之一角。正是因为如此,我们说教育学是一个巨大的宝藏,那里埋藏着无穷无尽的知识、智慧与思想,有待智慧之人去挖掘、构建和创造。就此而言,选择了教育学专业学习,也就选择了发展的无限可能,同时也奠定了人生持续发展的深厚基础。

由于个体的经历、立场、认识以及诉求等存在着客观条件上的差异,所以不同的个体对于什么是教育学,可能会有不同的认识与理解。实际上,人们对什么是教育学的不同认识与理解,是教育学丰富与发展的正常生态,既丰富了教育学的知识体系,又说明了教育学的复杂性,还说明了教育学具有巨大的发展潜能。实际上,无论人们如何认识、理解以及诠释教育学,教育学就是研究如何更好地开展教育的学问。如此说来,学习与研究教育学于国家而言,就是如何构建高质量教育体系,提高教育质量,进而提升国民素质,实现民族振兴和社会进步;于个人而言,就是如何开展德育、智育、体育、美育以及劳动技

术教育,促进个体全面发展。教育学的价值与功用,需要教育学专业学生的开发与挖掘,也需要教育学专业学生的推动与实施。如果说教育是民族振兴和社会进步的基石,那么教育学就是这个基石的底座,而教育学专业学生就是这个基石的修葺人与奠基者。

学习教育学,可以让我们更好地理解"教育是民族振兴和社会进步的基石"的内在逻辑与深刻意蕴。人类社会发展史,早已明确地昭示,一个国家、一个民族、一个社会的进步需要知识、技术以及思想,知识、技术以及思想来自人才,人才奠基于教育,教育繁荣有赖于教育学。由此可见,从教育学到教育,从教育到人才,从人才到知识、技术与思想,这是一个完美的链条,这个链条能否形成完美的闭环,则在一定程度上取决于教育学专业学生。所以,如果站在人类社会发展的角度来看待教育学,我们必然会因为选择教育学专业而骄傲,必然会因为将成为民族振兴和社会进步的基石的修葺人与奠基者而骄傲。当然,就个人而言,学习教育学可以让我们越来越智慧、越来越幸福。因为,学好教育学,既可以更好地教育他人,又可以更好地教育自己,亦可以更好地教育子女。也就是说,教育学在持续地发展着,学习教育学也是持续发展着的,学好教育学也就奠定了一生持续发展的基础。

参考文献

[1] 胡德海.教育学原理[M].3版.兰州:甘肃教育出版社,2013.

[2] 陈桂生."教育学"辨——"元教育学"的探索.福州:福建教育出版社,1998.

[3] 柳海民.现代教育学原理[M].2版.北京:高等教育出版社,2019.

[4] 赫尔巴特.普通教育学·教育学讲授纲要.李其龙,译.北京:人民教育出版社,2002.

[5] 瞿葆奎.教育学文集·教育与教育学[M].北京:人民教育出版社,1993.

[6] 斯宾塞.教育论[M].胡毅,译.北京:人民教育出版,1962.

[7] 杜威.民主主义与教育[M].王承绪,译.北京:人民教育出版社,2001.

[8] 王作亮,张典兵.教育学原理[M].徐州:中国矿业大学出版社,2015.

[9] 凯洛夫.教育学[M].北京:人民教育出版社,1953.

[10] 康德.康德论教育[M].瞿菊农,译.北京:商务印书馆,1930.

[11] 刘炎欣,蔡兆梅,刘琳,等.教育学新论[M].成都:四川大学出版社,2017.

[12] 任平,孙文云.现代教育学概论[M].3版.广州:暨南大学出版社,2018.

[13] 林崇德.发展心理学[M].北京:人民教育出版社,2009.

[14] 张东良,周彦良.教育学原理[M].北京:北京理工大学出版社,2017.

[15] 王萍,万超.学前教育学[M].2版.长春:东北师范大学出版社,2019.

[16] 赵光伟.学前教育原理[M].武汉:华中师范大学出版社,2017.

[17] 杨德广.高等教育学概论[M].修订版.上海:华东师范大学出版社,2010.

[18] 郑三元,张建国.学前教育学[M].长沙:湖南大学出版社,2015.

[19] 潘懋元,王伟廉.高等教育学[M].福州:福建教育出版社,2013.

[20] 侯怀银.高等教育学[M].太原:山西人民出版社,2014.

[21] 胡弼成.高等教育学[M].长沙:湖南师范大学出版

社,2015.

[22] 谢安邦.高等教育学[M].修订版.北京:高等教育出版社,1999.

[23] 薛天祥.高等教育学[M].桂林:广西师范大学出版社,2001.

[24] 韩延明.高等教育学新论[M].济南:山东人民出版社,2012.

[25] 张传燧.课程与教学论[M].北京:人民教育出版社,2008.

[26] 柳海民.教育学[M].2版.北京:中央广播电视大学出版社,2011.

[27] 周兴国,朱家存,李宜江.基础教育改革研究[M].芜湖:安徽师范大学出版社,2010.

[28] 张忠华.教育学原理[M].北京:世界图书出版公司,2012.

[29] 王道俊,郭文安.教育学[M].7版.北京:人民教育出版社,2016.

[30] 石佩臣.教育学基础理论.北京:教育科学出版社,2018.

[31] 柯佑祥.教育经济学[M].武汉:华中科技大学出版社,2009.

[32] 于向英.教育经济学概论[M].北京:科学普及出版社,2007.

[33] 范先佐.教育经济学新编[M].4版.北京:人民教育

出版社,2015.

[34] 余武.教育技术学[M].2版.合肥:中国科学技术大学出版社,2005.

[35] 杨颖秀.教育管理学[M].长春:东北师范大学出版社,2002.

[36] 朱式庆.教育技术学[M].3版.合肥:中国科学技术大学出版社,2009.

[37] 郑金洲.教育文化学[M].北京:人民教育出版社,2019.

[38] 中国学位与研究生教育信息网[EB/OL].[2021-04-07]. http://www.cdgdc.edu.cn/xwyyjsjyxx/xkpgjg/.

[39] 北京师范大学教育学部官网[EB/OL].[2021-04-07]. https://fe.bnu.edu.cn/pc/cms1info/list/1/3.

[40] 陕西师范大学教育学院[EB/OL].[2018-10-25](2021-04-07) http://edu.snnu.edu.cn/xygk/xyjj1.htm.

[41] 《教育学原理》编写组.教育学原理[M].北京:高等教育出版社,2019.

[42] 华东师范大学教育学部官网[EB/OL].[2021-04-03]. http://www.ed.ecnu.edu.cn/? page_id=2141.

[43] 东北师范大学教育学部官网[EB/OL].[2021-04-

03]http://edu. nenu. edu. cn/.

[44] 冯忠良,伍新春,姚梅林,等.教育心理学[M].3版.北京:人民教育出版社,2015.

[45] 华中师范大学教育学院官网[EB/OL].[2021-04-07].http://edu. ccnu. edu. cn/xygk/xyjj. htm.

[46] 王伯庆.2020年中国本科生就业报告[M].北京:社会科学文献出版社,2020.

[47] 钱锺书.围城[M].北京:人民文学出版社,2019.

[48] 西南大学教育学部[EB/OL].[2018-10-25](2021-04-07) http://jyxb. swu. cn/s/jyxb/subcatalog11/20181025/3583701. html.

[49] 中华人民共和国教育法[EB/OL].http://www. gov. cn/banshi/2005-05/25/content_918. htm.

"走进大学"丛书拟出版书目

什么是机械？	邓宗全	中国工程院院士 哈尔滨工业大学机电工程学院教授（作序）
	王德伦	大连理工大学机械工程学院教授 全国机械原理教学研究会理事长
什么是材料？	赵 杰	大连理工大学材料科学与工程学院教授 宝钢教育奖优秀教师奖获得者
什么是能源动力？		
	尹洪超	大连理工大学能源与动力学院教授
什么是电气？	王淑娟	哈尔滨工业大学电气工程及自动化学院院长、教授 国家级教学名师
	聂秋月	哈尔滨工业大学电气工程及自动化学院副院长、教授
什么是电子信息？		
	殷福亮	大连理工大学信息与通信工程学院教授 入选教育部"跨世纪优秀人才支持计划"
什么是自动化？	王 伟	大连理工大学控制科学与工程学院教授 国家杰出青年科学基金获得者（主审）
	王宏伟	大连理工大学控制科学与工程学院教授
	王 东	大连理工大学控制科学与工程学院教授
	夏 浩	大连理工大学控制科学与工程学院院长、教授
什么是计算机？	嵩 天	北京理工大学网络空间安全学院副院长、教授 北京市青年教学名师
什么是土木工程？	李宏男	大连理工大学土木工程学院教授 教育部"长江学者"特聘教授 国家杰出青年科学基金获得者 国家级有突出贡献的中青年科技专家

什么是水利?	张　弛	大连理工大学建设工程学部部长、教授
		教育部"长江学者"特聘教授
		国家杰出青年科学基金获得者

什么是化学工程?
　　　　　　　贺高红　大连理工大学化工学院教授
　　　　　　　　　　　教育部"长江学者"特聘教授
　　　　　　　　　　　国家杰出青年科学基金获得者
　　　　　　　李祥村　大连理工大学化工学院副教授
什么是地质?　殷长春　吉林大学地球探测科学与技术学院教授(作序)
　　　　　　　曾　勇　中国矿业大学资源与地球科学学院教授
　　　　　　　　　　　首届国家级普通高校教学名师
　　　　　　　刘志新　中国矿业大学资源与地球科学学院副院长、教授
什么是矿业?　万志军　中国矿业大学矿业工程学院副院长、教授
　　　　　　　　　　　入选教育部"新世纪优秀人才支持计划"
什么是纺织?　伏广伟　中国纺织工程学会理事长(作序)
　　　　　　　郑来久　大连工业大学纺织与材料工程学院二级教授
　　　　　　　　　　　中国纺织学术带头人
什么是轻工?　石　碧　中国工程院院士
　　　　　　　　　　　四川大学轻纺与食品学院教授(作序)
　　　　　　　平清伟　大连工业大学轻工与化学工程学院教授
什么是交通运输?
　　　　　　　赵胜川　大连理工大学交通运输学院教授
　　　　　　　　　　　日本东京大学工学部 Fellow
什么是海洋工程?
　　　　　　　柳淑学　大连理工大学水利工程学院研究员
　　　　　　　　　　　入选教育部"新世纪优秀人才支持计划"
　　　　　　　李金宣　大连理工大学水利工程学院副教授
什么是航空航天?
　　　　　　　万志强　北京航空航天大学航空科学与工程学院副院长、教授
　　　　　　　　　　　北京市青年教学名师
　　　　　　　杨　超　北京航空航天大学航空科学与工程学院教授
　　　　　　　　　　　入选教育部"新世纪优秀人才支持计划"
　　　　　　　　　　　北京市教学名师

什么是环境科学与工程？
　　　　　　陈景文　大连理工大学环境学院教授
　　　　　　　　　　教育部"长江学者"特聘教授
　　　　　　　　　　国家杰出青年科学基金获得者

什么是生物医学工程？
　　　　　　万遂人　东南大学生物科学与医学工程学院教授
　　　　　　　　　　中国生物医学工程学会副理事长（作序）
　　　　　　邱天爽　大连理工大学生物医学工程学院教授
　　　　　　　　　　宝钢教育奖优秀教师奖获得者
　　　　　　刘　蓉　大连理工大学生物医学工程学院副教授
　　　　　　齐莉萍　大连理工大学生物医学工程学院副教授

什么是食品科学与工程？
　　　　　　朱蓓薇　中国工程院院士
　　　　　　　　　　大连工业大学食品学院教授

什么是建筑？
　　　　　　齐　康　中国科学院院士
　　　　　　　　　　东南大学建筑研究所所长、教授（作序）
　　　　　　唐　建　大连理工大学建筑与艺术学院院长、教授
　　　　　　　　　　国家一级注册建筑师

什么是生物工程？
　　　　　　贾凌云　大连理工大学生物工程学院院长、教授
　　　　　　　　　　入选教育部"新世纪优秀人才支持计划"
　　　　　　袁文杰　大连理工大学生物工程学院副院长、副教授

什么是农学？
　　　　　　陈温福　中国工程院院士
　　　　　　　　　　沈阳农业大学农学院教授（作序）
　　　　　　于海秋　沈阳农业大学农学院院长、教授
　　　　　　周宇飞　沈阳农业大学农学院副教授
　　　　　　徐正进　沈阳农业大学农学院教授

什么是医学？
　　　　　　任守双　哈尔滨医科大学马克思主义学院教授

什么是数学？
　　　　　　李海涛　山东师范大学数学与统计学院教授
　　　　　　赵国栋　山东师范大学数学与统计学院副教授

什么是物理学？
　　　　　　孙　平　山东师范大学物理与电子科学学院教授
　　　　　　李　健　山东师范大学物理与电子科学学院教授

什么是化学？	陶胜洋	大连理工大学化工学院副院长、教授
	王玉超	大连理工大学化工学院副教授
	张利静	大连理工大学化工学院副教授
什么是力学？	郭　旭	大连理工大学工程力学系主任、教授
		教育部"长江学者"特聘教授
		国家杰出青年科学基金获得者
	杨迪雄	大连理工大学工程力学系教授
	郑勇刚	大连理工大学工程力学系副主任、教授
什么是心理学？	李　焰	清华大学学生心理发展指导中心主任、教授（主审）
	于　晶	辽宁师范大学教授
什么是哲学？	林德宏	南京大学哲学系教授
		南京大学人文社会科学荣誉资深教授
	刘　鹏	南京大学哲学系副主任、副教授
什么是经济学？	原毅军	大连理工大学经济管理学院教授
什么是社会学？	张建明	中国人民大学党委原常务副书记、教授（作序）
	陈劲松	中国人民大学社会与人口学院教授
	仲婧然	中国人民大学社会与人口学院博士研究生
	陈含章	中国人民大学社会与人口学院硕士研究生
		全国心理咨询师（三级）、全国人力资源师（三级）
什么是民族学？	南文渊	大连民族大学东北少数民族研究院教授
什么是教育学？	孙阳春	大连理工大学高等教育研究院教授
	林　杰	大连理工大学高等教育研究院副教授
什么是新闻传播学？		
	陈力丹	中国人民大学新闻学院荣誉一级教授
		中国社会科学院高级职称评定委员
	陈俊妮	中国民族大学新闻与传播学院副教授
什么是管理学？	齐丽云	大连理工大学经济管理学院副教授
	汪克夷	大连理工大学经济管理学院教授
什么是艺术学？	陈晓春	中国传媒大学艺术研究院教授